STEPHAN EISEL

Beethoven
IN BONN

Impressum

Math. Lempertz GmbH
Hauptstraße 354
53639 Königswinter
Tel.: 02223-900036
Fax: 02223-900038
info@edition-lempertz.de
www.edition-lempertz.de

Unser ganz besonderer Dank für die wertvolle Unterstützung und die nette Zusammenarbeit gilt dem Beethoven-Haus Bonn.

Autor: Dr. Stephan Eisel
Projektleitung und Lektorat: Eva Weigelt, Philipp Gierenstein
Lektorat deutscher Text: Dr. Irmingard Grimm-Vogel
Übersetzung ins Englische: Christina Meuser
Korrektorat englischer Text: Maryse Houston, David Hoey
Layout/Satz: Ralph Handmann

Druck und Bindung: Print Consult GmbH, München
Printed and bound in Hungary
ISBN: 978-3-96058-342-4

Dieses Buch wurde klimaneutral gedruckt.

Bildnachweis

Titelbild: © Beethoven-Haus Bonn
Cover: © Adobe Stock: bittedankeschön, Julien Eichinger, othernames
Autorenfoto: © Randolf Bunge
Innenteil:
© Beethoven-Haus Bonn [4, 11, 17, 19, 23, 25, 27, 29, 31, 33, 34, 36, 38, 40, 41, 44, 45, 46, 49, 50, 60, 61, 66, 68, 70, 77, 79, 80, 84, 85, 87]
© Stadtarchiv und Stadthistorische Bibliothek Bonn [12, 53]
© Arnulf Marquardt-Kuron [14]
© Universitäts- und Landesbibliothek Bonn [58]
© Stadtarchiv Neuwied [75]
© Adobe Stock: othernames [1], ken [8, f.], topor [8, f.], Julien Eichinger [93], Arcady [2, 3, 5, 10, 16, 23, 28, 32, 38, 43, 53, 59, 64, 73, 78, 83, 88]

Inhalt

Gottfried Fischer, „Fischersches Manuskript"

Gottfried Fischer, "The Fischer Manuscript", clean copy page

Aufzeichnungen des Bonner Bäckermeisters aus dem Haus Rheingasse 7 (früher 934) über die Familie Beethoven, Autograf, Entwurf

Beethoven-Haus Bonn, BH 173, 2

Einleitung

Ludwig van Beethoven ist nicht nur in Bonn geboren, sondern hat hier 22 Jahre gelebt und gearbeitet – länger als Mozart in Salzburg. Im Geist der Aufklärung reifte er in Bonn zur Persönlichkeit, erhielt seine musikalische Ausbildung, sammelte wichtige Erfahrungen als Organist und Orchestermusiker, entwickelte sich zum außergewöhnlichen Pianisten und profilierte sich als Komponist.

Das Klischee, Beethoven habe in Bonn nur in den Windeln gelegen und sei erst in Wien zum eigenständigen Komponisten geworden, ist weit von der Wirklichkeit entfernt. Beethovens Bonner Kompositionen hatten schon ihren Weg nach Wien gefunden, bevor er selbst dort lebte. Sein pianistisches Ausnahmetalent setzte schon in den ersten Wochen nach seiner Ankunft Wien in Erstaunen. Ohne das Bonner Fundament wären bei Beethoven die Wiener Jahre nicht denkbar.

Bereits 1866 kam der bis heute entscheidende Beethoven-Biograph Alexander Wheelock Thayer zu dem Schluss: „Für uns bleibt das Ergebnis, daß Beethoven, als er von seiner Vaterstadt Abschied nahm, … seine künstlerische Eigenart entwickelt hatte." Für den aktuellen Forschungsstand schließt der Würzburger Musikwissenschaftler und Leibniz-Preisträger Ulrich Konrad, Vorsitzender des wissenschaftlichen Beirates des Bonner Beethoven-Hauses, daran an: „Dass der ‚Bonner' Beethoven keine Larve war, aus der erst in Wien der wirkliche Künstler geschlüpft ist, diese Behauptung sollte … als berechtigte Annahme für die Biographie wie für den schöpferischen Werdegang des Komponisten unstrittig sein."

Die vorliegende Publikation gibt einen kurzen Überblick über die Bonner Zeit Beethovens. Sie basiert auf der ausführlichen Untersuchung „Beethoven – Die 22 Bonner Jahre", die der Autor zum 250. Geburtstag des Komponisten vorgelegt hat und im Frühjahr im *Verlag Beethoven-Haus* publiziert wird. Sie behandelt auf ca. 550 Seiten ausführlich Beetho-

vens Bonner Werdegang, seine musikalische Ausbildung in der Residenzstadt am Rhein, den Bonner Musiker und Komponisten sowie das Umfeld und die Zeitläufe, in denen er in Bonn groß geworden ist.
Dort findet sich für den Interessierten detailliertes Quellenmaterial mit den entsprechenden Literaturverweisen. Zur Lesbarkeit wurde in dem vorliegenden Überblick darauf verzichtet. Alle Beethoven-Briefe sind im Folgenden nach der sechsbändigen *Gesamtausgabe seiner Briefwechsel* zitiert, die 1996 im Auftrag des Beethoven-Hauses Bonn von Sieghard Brandenburg herausgegeben wurde.
Angaben zu seinen Kompositionen sind dem 2014 in zwei Bänden erschienenen *Thematisch-Bibliographischen Werkverzeichnis* entnommen. Beethoven war der erste Komponist, der seinen Werken eigene Opuszahlen zuordnete. Von seinen 722 erhaltenen größeren und kleineren Kompositionen werden 138 Werke und Werkgruppen mit Opuszahlen (op.) und 228 Werke ohne Opuszahl (WoO) gezählt. Dazu kommen noch 27 unvollendete Werke (Unv) und ca. 7.500 Seiten an Skizzen.
Von den zeitgenössischen Quellen sind insbesondere die Aufzeichnungen des Bäckermeisters Gottfried Fischer, *Familie Beethoven im kurfürstlichen Bonn*, zu nennen, die Margot Wetzstein 2006 für das Beethoven-Haus neu herausgegeben, übertragen, kommentiert und illustriert hat (zitiert als „Fischer nach Wetzstein"). Zeitlos wertvoll bleiben auch die 1838 erschienenen und 1845 ergänzten *Biographischen Notizen über Ludwig van Beethoven* der Beethoven-Freunde Franz Gerhard Wegeler und Ferdinand Ries (zitiert als „Wegeler/Ries"). Die bis heute wichtigste Beethoven-Biographie ist das fünfbändige Werk *Beethovens Leben* des amerikanischen Bibliothekars und Diplomaten Alexander Wheelock Thayer, das 1866–1908 deutsch bearbeitet und revidiert von Hermann Deiters und ergänzt von Hugo Riemann erschienen ist (zitiert als „TDR").
Ohne die Unterstützung des Beethoven-Hauses Bonn und insbesondere der Leiterin des dortigen Archivs und Ver-

lags, Prof. Christine Siegert, wäre diese Publikation ebenso wenig möglich gewesen wie ohne den in Bonn ansässigen Verein *Bürger für Beethoven*. Der Bonner General-Anzeiger hat dem Autor die Möglichkeit gegeben, 2019/2020 eine mehrteilige Serie zum Bonner Beethoven zu veröffentlichen, die im Folgenden teilweise verwendet wird. Dafür gebührt dem Chefredakteur Helge Matthiesen ebenso Dank wie der *Edition Lempertz* und ihrer Geschäftsführerin Antje-Friederike Heel für die kurzfristige Bereitschaft, das Thema zum 250. Geburtstag in das eigene Verlagsprogramm aufzunehmen. Ein herzlicher Dank gilt Philipp Gierenstein und Eva Weigelt für die Betreuung des Projekts und Dr. Irmingard Grimm-Vogel für unermüdliches Lektorat.

Ludwig van Beethoven machte sich viele Gedanken darüber, wie die Nachwelt über ihn schreiben würde. So überliefert der zeitweilige Beethoven-Sekretär Anton Schindler von ihm die Bemerkung, „daß es sicher zu vermuthen sey, daß viele geschäftige Federn sich auch nach seinem Dahinscheiden beeilen würden, die Welt mit einer Unzahl von Anecdoten und Histörchen über ihn zu unterhalten, die aller Wahrheit ermangeln ... Daher sey sein aufrichtiger Wunsch, daß, was man einstens über ihn sage, nach allen Beziehungen hin strenge der Wahrheit getreu gesagt werde."[1] Diesem Maßstab sind auch die folgenden Darlegungen als Überblicksdarstellung mit Mut zur Lücke verpflichtet.

1 Anton Schindler, Biographie von Ludwig van Beethoven, 3., neu bearbeitete und vermehrte Auflage, Münster 1860, Teil 1, S. XVII.

Ludwig van Beethoven: Vorfahren und Verwandte zu Lebzeiten*

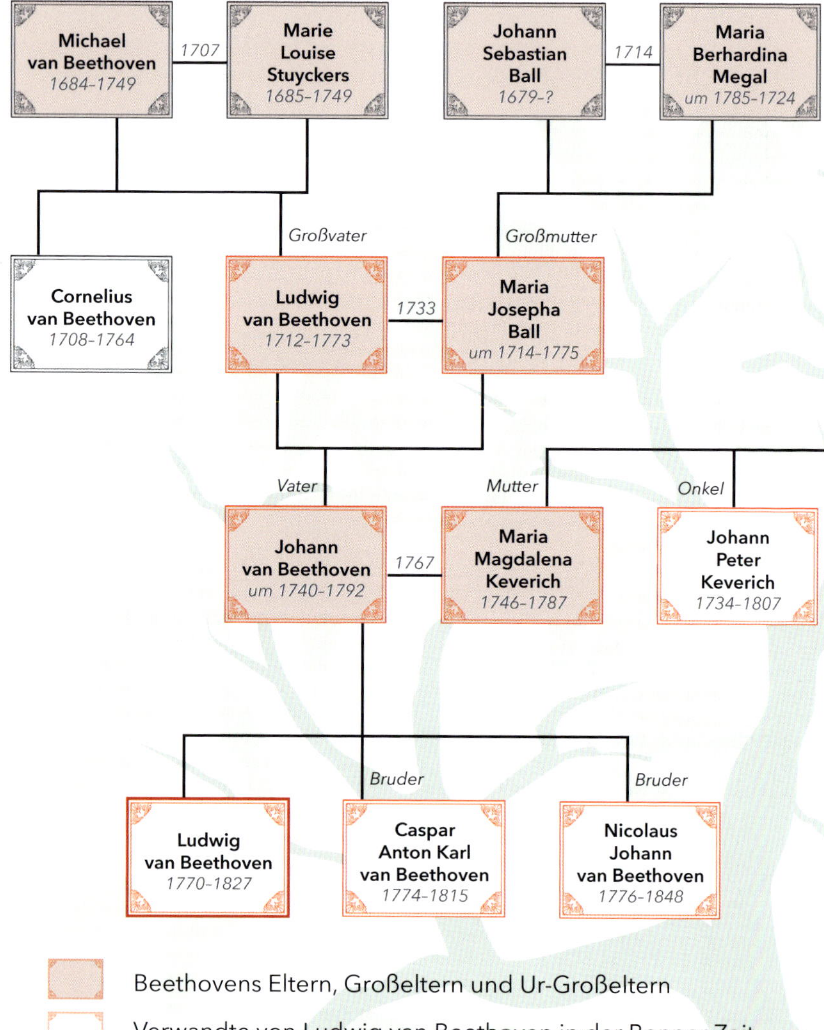

Beethovens Eltern, Großeltern und Ur-Großeltern

Verwandte von Ludwig van Beethoven in der Bonner Zeit

*ohne Kinder, die nicht mindestens zehn Jahre alt wurden

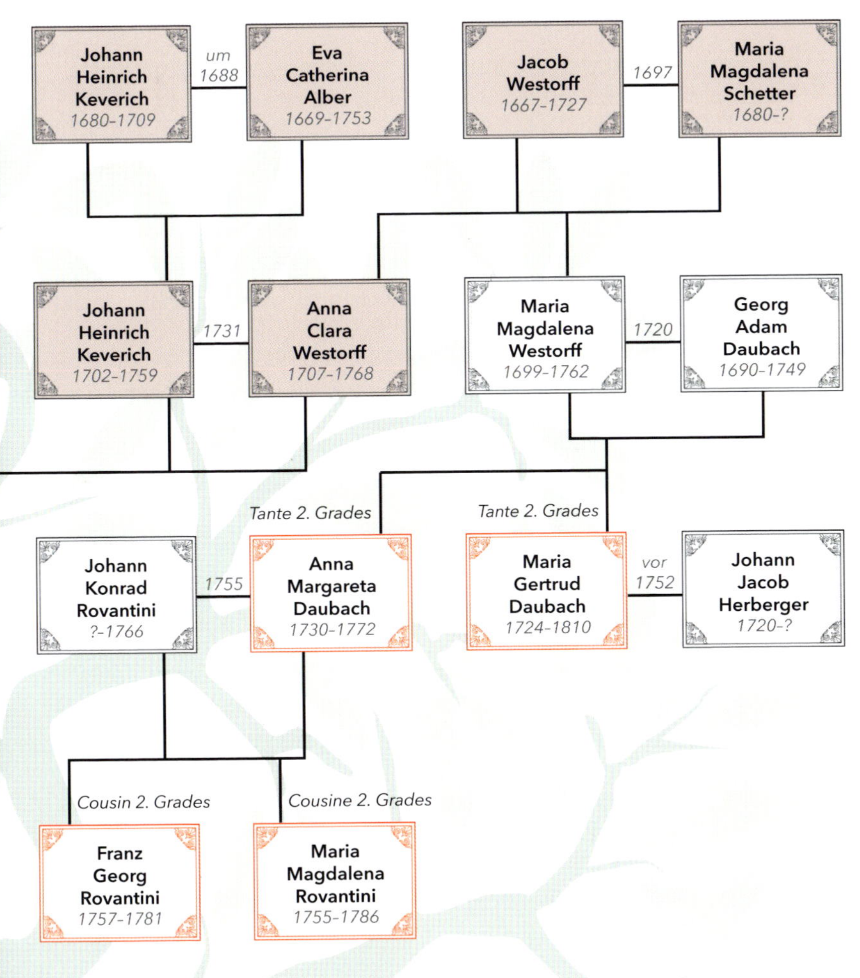
Johann Heinrich Keverich
1680-1709
um 1688
Eva Catherina Alber
1669-1753
Jacob Westorff
1667-1727
1697
Maria Magdalena Schetter
1680-?
Johann Heinrich Keverich
1702-1759
1731
Anna Clara Westorff
1707-1768
Maria Magdalena Westorff
1699-1762
1720
Georg Adam Daubach
1690-1749
Tante 2. Grades
Tante 2. Grades
Johann Konrad Rovantini
?-1766
1755
Anna Margareta Daubach
1730-1772
Maria Gertrud Daubach
1724-1810
vor 1752
Johann Jacob Herberger
1720-?
Cousin 2. Grades
Cousine 2. Grades
Franz Georg Rovantini
1757-1781
Maria Magdalena Rovantini
1755-1786

Die Familie Beethoven in Bonn

Als Ludwig van Beethoven am 17. Dezember 1770 in Bonn getauft wurde, waren die Beethovens bereits seit Jahrzehnten eine feste Größe in der Residenzstadt am Rhein. Schon 1733 hatte Kurfürst Clemens August den damals 21-jährigen Sänger Ludwig van Beethoven d. Ä. aus Lüttich mit einem überdurchschnittlichen Gehaltsangebot nach Bonn abgeworben. Die Kölner Kurfürsten residierten seit 1597 offiziell in Bonn. Der Wittelsbacher Clemens August, der von 1723–1761 regierte, hatte sich den französischen Sonnenkönig Ludwig XIV. zum Vorbild genommen und gab große Summen für repräsentative Bauten wie das kurfürstliche Schloss, das Bonner Rathaus, Schloss Augustusburg in Brühl und das Poppelsdorfer Schloss aus. Für seine rauschenden Feste sowie als Statussymbol unterhielt er auch eine Hofkapelle mit herausragenden Musikern.

Der in Mechelen in Flandern geborene Großvater des später weltberühmten Komponisten mietete sich in Bonn in der Rheingasse ein. Mit ihm siedelte sein älterer Bruder Cornelius van Beethoven nach Bonn über, der als Kerzenlieferant auch für den kurfürstlichen Hof erfolgreich war. Auch die Eltern der beiden Brüder kamen nach Bonn, allerdings unter unerfreulichen Umständen: Der Bäckermeister Michael van Beethoven und seine Frau Marie Luise geb. Stuykers waren 1739 von Mechelen über Kleve in die Residenzstadt am Rhein geflohen, weil sie sich wegen des gescheiterten Handels mit Luxusgütern für einen Bankrott in ihrer Heimat verantworten sollten. Sie sind zehn Jahre später in Bonn verstorben.

Ludwig van Beethoven d. Ä. heiratete kurz nach seiner Ankunft bereits am 7. September 1733 die 19-jährige in Bonn aufgewachsene Maria Josepha Ball. Nachdem zwei Kinder bereits im Kindesalter verstorben waren, konnten sich die beiden um 1740 über die Geburt ihres Sohnes Johann freuen.

Seinen Dienst als Bass-Sänger versah Ludwig van Beethoven d. Ä. offenkundig zur allgemeinen Zufriedenheit, denn er stieg in der Hierarchie der Musiker auf und wurde vom neuen Kurfürsten Maximilian Friedrich kurz nach dessen Amtsantritt 1761 sogar zum Hofkapellmeister berufen.

Ludwig van Beethoven (d. Ä.) (1712–1773)
Ludwig van Beethoven the Elder
Kopie von Toni Bücher nach einem Gemälde von Wilhelm Amelius Radoux
Beethoven-Haus Bonn, B 983

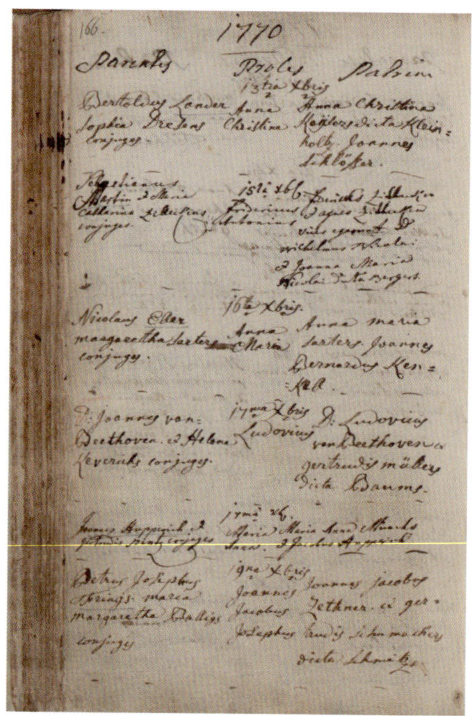
1770

Parentes | Proles | Patrini

D. Joannes van Beethoven et Helena Keverichs conjuges | 17ma Xbris Ludovicus | D. Ludovicus van Beethoven et Gertrudis müllers dicta Baums

Eintrag der Taufe Ludwig van Beethovens ins Kirchenbuch von St. Remigius
Church register of St. Remigius, record of Beethoven's baptism
Stadtarchiv Bonn, SN020_04-35_168

Nebenher betrieb Beethovens Großvater auch einen Weinhandel. Allerdings geriet durch dieses Nebengeschäft das familiäre Leben zunehmend aus den Fugen: Die im Haus gelagerten Weinvorräte führten Beethovens Großmutter Maria Josepha in Versuchung. Sie wurde alkoholabhängig und musste in ein Kloster in Köln gebracht werden.
Die Alkoholsucht sollte später auch ihrem Sohn Johann zum Verhängnis werden. Dieser war inzwischen als Sänger Mitglied der Hofkapelle geworden. Er heiratete 1767 die mit 21 Jahren

bereits verwitwete Koblenzerin Maria Magdalena Keverich. Die junge Familie zog in das Hinterhaus der Bonngasse Nr. 363 (heute Nr. 20). Im Erdgeschoss lagen die Küche und ein unterkellerter Wirtschaftsraum, im Obergeschoss zwei kleine Zimmer und eine größere Stube. Außerdem gab es kleine Kammern unter dem Dach.

Im Vorderhaus des Hauses in der Bonngasse lebte als Eigentümer der kurfürstliche Quartiermeister Johann Georg Mangin sowie seit vielen Jahren die Musikerfamilie Salomon. Gegenüber in der Nummer 386 hatte der Großvater, Kapellmeister van Beethoven, Quartier bezogen, nachdem seine Frau nach Köln gebracht worden war.

In der Ehe mit Johann gebar Maria Magdalena van Beethoven insgesamt sieben Kinder. Das erste wurde am 2. April 1769 auf den Namen Ludwig Maria getauft, verstarb aber schon am 8. April. Im Dezember 1770 kam das zweite Kind zur Welt, wieder gaben die Eltern ihm den Namen Ludwig. Das genaue Geburtsdatum steht nicht fest, da es damals noch keine Standesämter und Einwohnermelderegister gab. Allerdings war es üblich, die Kinder unmittelbar nach der Geburt zu taufen. Diese Taufe fand ausweislich des Kirchenbuchs von St. Remigius[2] am 17. Dezember 1770 statt. Ludwig van Beethoven muss also am 16. oder 17. Dezember 1770 geboren sein. Seine Taufpaten waren der Großvater und die Nachbarsfrau Anna Gertrud Baum.

Zunächst lebte die junge Familie in relativ bescheidenen Verhältnissen. Aber mit dem Tod des von Ludwig van Beethoven zeitlebens verehrten gleichnamigen Großvaters am

---

2 Diese Kirche ist nicht zu verwechseln mit der heutigen Bonner Remigiuskirche. Beethovens Taufkirche war die Pfarrkirche der Familie am heutigen Remigiusplatz, in der auch seine Eltern und Großeltern geheiratet hatten. Sie brannte 1800 nach einem Blitzschlag ab und wurde nicht wieder aufgebaut. 1806 wurde das Taufbecken aus der zerstörten Kirche in die damalige Minoritenkirche gebracht, die erst dann den Namen St. Remigius erhielt. Die Kanzel aus Beethovens Taufkirche befindet sich im Bonner Münster. Die Kirchen- und zugleich Brandglocke schlägt in der heutigen Namen-Jesu-Kirche.

24. Dezember 1773 verbesserte sich durch Erbschaft die finanzielle Situation deutlich. Man zog 1774 aus der Bonngasse zum Dreiecksplatz Nr. 6. Dort wurde den Beethovens im gleichen Jahr Kaspar Anton Karl geboren.
1776 mieteten sich die Beethovens wieder, wie schon der Großvater, in die Rheingasse Nr. 934 (heute Nr. 24) ein. Vermutlich dort wurde mit Nicolaus Johann ein weiterer Sohn geboren. Danach bekamen Maria Magdalena und Johann van Beethoven noch drei Kinder, die aber alle schon als Kleinkinder verstarben.

Die Wohnorte Beethovens in Bonn:
Beethoven's places of residence:
1) Bonngasse 515 (heute 20)
2) Aufm Dreyeck 6 (heute Dreiecksplatz 6)
3) Rheingasse 934 (heute 24)
4) Neugasse 912 (heute Rathausgasse)
5) Stockenstr. 9 (heute Stockenstr. ?)
6) Wenzelgasse 476 (heute Wenzelgasse 25)

Bronzemodell von Gisbert Knopp und Friedemann Sander am Bonner Münsterplatz
Model in bronze by Gisbert Knopp and Friedemann Sander, Münsterplatz (Bonn)
Foto: Arnulf Marquardt-Kuron

In der Rheingasse wohnten die Beethovens dann bis 1785, unterbrochen nur durch einen kurzzeitigen Umzug 1776/1777 in die Neugasse (heute Rathausgasse) und 1784 auf der Flucht vor dem „Jahrtausendhochwasser" in die Stockenstraße. Von 1785 bis 1792 lebte Ludwig van Beethoven dann mit seiner Familie in der oberen Etage des Hauses in der Wenzelgasse 476 (heute 25), einer Parallelstraße zur Bonngasse.
Während der 60 Jahre, die die Beethovens in der Stadt lebten, wurde Bonn von drei Kurfürsten regiert und geprägt, die zugleich Erzbischöfe von Köln und Fürstbischöfe von Münster waren. Der 23-jährige Clemens August von Bayern wurde 1723 Nachfolger seines Onkels Joseph Clemens und residierte als Kölner Kurfürst in Bonn bis zu seinem Tod 1761. Sein Nachfolger Maximilian Friedrich von Königsegg-Rothenfels war bereits 53 Jahre alt, als er 1761 das Amt übernahm. Dessen Nachfolge trat 1784 – mit 28 Jahren – Max Franz von Österreich an, das jüngste der 15 Kinder des habsburgischen Kaisers Franz Stephan I. und seiner Ehefrau Maria Theresia. Max Franz residierte in Bonn, bis er 1794 vor den Franzosen fliehen musste.
Diese Kurfürsten spiegelten mit ihrem unterschiedlichen Regierungsstil vom absolutistischen Clemens August bis zu den aufgeklärten Herrschern Maximilian Friedrich und Max Franz den Wandel der Zeit wider. Sie ähnelten sich aber in ihrem ausgeprägten Interesse an der Musik. Für das Geschick der Familie Beethoven war dies ein entscheidender Faktor. Clemens August hatte Beethovens Großvater nach Bonn geholt, Maximilian Friedrich machte ihn zum Hofkapellmeister und stellte Beethovens Vater als Hofmusiker ein. Max Franz schließlich war Ludwig van Beethovens Dienstherr.

Die Musikstadt Bonn

In Bonn lebten zu den Zeiten der Beethovens viele Musiker. Dass aus der Familie Beethoven ab 1733 mit dem Bassisten und späteren Hofkapellmeister Ludwig van Beethoven d. Ä., seinem Sohn Johann (Tenor) und dem Enkel Ludwig drei Generationen aus einer Familie der Hofkapelle angehörten, war dabei keineswegs ungewöhnlich.

Eine besonders einflussreiche Bonner Musiker-Dynastie war die Familie Ries. Johann Ries, gleichsam der „Urvater" der Familie, war schon 1747 als Trompeter und ab 1754 als Geiger Mitglied in der Hofkapelle. Zwei seiner vier Kinder wurden ebenfalls Musiker und Mitglieder der Hofkapelle: Johanns älteste Tochter Anna Maria (verheiratete Drewer) war 1764–1794 eine viel gelobte Sängerin, sein Sohn Franz Anton galt als Wunderkind und wurde 1774 offiziell als Geiger in die Hofkapelle aufgenommen, der er – in den 90er Jahren als Konzertmeister bzw. Musikdirektor – bis zu deren Auflösung 1794 angehörte.

Franz Anton Ries erteilte Beethoven zeitweise Geigenunterricht. 1845 konnte er hochbetagt im Alter von 90 Jahren sogar noch die Enthüllung des Beethoven-Denkmals auf dem Münsterplatz erleben. Beethoven hat ihn zeitlebens verehrt. Drei seiner elf Kinder wurden Musiker. Am bekanntesten ist der 1784 geborene Ferdinand, der später in Wien Schüler und Assistent von Beethoven war und dann selbst in ganz Europa ein gefeierter Pianist und Komponist wurde.

Auch die Familie Salomon hinterließ in der Bonner Musikszene viele Spuren. Philipp A. Salomon, der ab 1765 unter der Leitung des Hofkapellmeisters Ludwig van Beethoven d. Ä. als Oboist und Violinist in der kurfürstlichen Kapelle musizierte, hatte drei außergewöhnlich begabte Kinder: Johann Peter war schon 1758 als 13-jähriger Geiger im Orchester. 25 Jahre vor dem Komponisten Ludwig van Beethoven war er im gleichen Haus in der Bonngasse geboren worden. Seine Schwester Anna Jacobina Salomon war Altistin in

der Bonner Hofkapelle und eine Schülerin von Johann van Beethoven. Eine weitere Schwester namens Anna Maria war Sopranistin im kurfürstlichen Orchester. Beide Schwestern sangen in Aufführungen mit, die Johann van Beethoven im Alten Bonner Rathaus organisierte.
Johann Peter Salomon verließ Bonn 1764, noch vor der Geburt von Ludwig van Beethoven, um Konzertmeister im königlich-preußischen Rheinsberg zu werden. Auch als er 1781 nach London übersiedelte, ließ er den Kontakt in seine Heimatstadt nie abreißen und organisierte später Haydns Besuche in Bonn.

Nikolaus Simrock (1751–1832)
Nicht bezeichnetes Gemälde, Joseph Karl Stieler zugeschrieben
Beethoven-Haus Bonn, B 1917

Wie die Familie Salomon, wohnte in der Bonngasse auch Nikolaus Simrock. Er war Hornist in der kurfürstlichen Hofkapelle und besorgte auch die Noten für das Orchester. Daraus entwickelte sich eine Musikalienhandlung und ab 1790 ein Verlag. Als Beethoven in Wien etabliert war, wurde der frühere Orchesterkollege für ihn einer der Hauptverleger und wichtiger Geschäftspartner.

Eine besondere Beziehung zu Beethoven hatte auch die Musikerfamilie Willmann, die ab 1778 das Fischersche Hinterhaus in der Giergasse 950 bewohnte. Der Vater Ignaz Willmann war von 1767 bis 1774 als Flötist, Geiger und Cellist Mitglied der Hofkapelle. Die mit Beethoven fast gleichaltrigen Kinder Maximilian, Walburga, Magdalena und Karl waren alle musikalisch begabt und gingen mit ihrem Vater in den 1780er Jahren auf Konzertreise, die sie auch nach Wien und zu Mozart führte. Nach der Rückkehr traten sie 1788 in die Bonner Hofkapelle ein und waren dann nach 1794 wie Beethoven in Wien tätig. Insbesondere die Sopranistin Magdalena Willmann hatte es Beethoven angetan, und er komponierte für sie.

Erst 1790 begann die Bonner Orchestertätigkeit der 1767 geborenen Romberg-Vettern Andreas (Geige) und Bernhard (Violoncello). Sie entstammten einer Musikerfamilie, die in der Hofkapelle des Kölner Kurfürsten als Fürstbischof von Münster beheimatet war. Beide hatten vor ihrem Bonner Dienstantritt als „Wunderkinder" bereits Konzertreisen durch Europa unternommen und gehörten zum Freundeskreis des gleichaltrigen Beethoven.

Sehr einflussreich im Bonner Musikleben in Beethovens Bonn waren auch Joseph und Anton Reicha. 1785 kam der in Böhmen geborene Cellist Joseph Reicha als Konzertdirektor nach Bonn. Er war zuvor zehn Jahre Mitglied in der renommierten fürstlichen Oettingen-Wallersteinschen Hofkapelle in Schwaben und dort auch Kapellmeister. Als Pflegesohn hatte er Anton bei sich aufgenommen und unterrichtet, den Sohn seines verstorbenen Bruders, des Stadtpfeifers von Prag. Er wurde ein herausragender Flötist, Geiger und Kom-

Anton Reicha (1770–1836)
Fotografie einer Lithografie, u. U. von Charles Constans, nach einer wohl von Salomon-Guillaume Counis stammenden Zeichnung
Beethoven-Haus Bonn, B 145/b

ponist, der sich in der Hofkapelle schnell mit dem gleichaltrigen Ludwig van Beethoven anfreundete.
Für Beethovens musikalische Entwicklung war es sicherlich von Vorteil, dass er sich in Bonn mit anderen Ausnahmetalenten messen konnte. Wie er, machten später auch Ferdinand Ries, Anton Reicha, die Romberg-Vettern, Johann Peter Salomon und Nikolaus Simrock in ganz Europa von sich reden.
Wie ein Resonanzboden wirkten für Beethoven auch die vielfältigen musikalischen Aktivitäten von Musikliebhabern und talentierten Amateuren in Bonn. Diese außerordentlich lebendige private Musikszene reichte von den höchsten Adelskreisen bis ins Bürgertum, wobei die verschiedenen Schichten nicht zuletzt durch das gemeinsame Musizieren miteinander verwoben waren.
Ein besonderer Kristallisationspunkt war dabei Hofrat Johannes Gottfried von Mastiaux, der allein von Haydn die Noten von 80 Sinfonien, 40 Trios und 30 Quartetten sowie mehr als 50 Klavierkonzerte verschiedener Komponisten besaß. Mastiaux nannte auch sieben Klaviere und zahlreiche Streichinstrumente sein Eigen. Mit seinen fünf talentierten Kindern pflegte er die Hausmusik. Seine Tochter Amalia erhielt wohl auch von Beethoven Klavierunterricht.
Eine Ausnahmestellung unter den musiktreibenden Amateuren in Beethovens Bonn nahm sicherlich auch Hauptmann Ferdinand d'Antoine ein, der sich als Komponist einen Namen machte. Seine Schwester Josepha Antonetta war mit Hofkapellmeister Andrea Luchesi, dem Nachfolger von Beethovens Großvater, verheiratet.
Unter den besonders talentierten Bonner Amateuren muss auch die Großnichte von Kurfürst Maximilian Friedrich erwähnt werden: Anna Maria Hortense Gräfin von Hatzfeld war in Wien unterrichtet worden und galt als talentierte Sängerin und außerordentlich begabte Pianistin, die auch von Mozart geschätzt wurde. Beethoven, der ihr später auch in Wien begegnete, widmete ihr seine 1791 veröffentlichten *Vierundzwanzig Variationen über die Ariette „Venni Amore" von Vincenzo Righini für Klavier* WoO 65.

Neben dem Haus Mastiaux und dem Haus Hatzfeld war der Metternicher Hof ein weiterer musikalischer Treffpunkt in Bonn. Dort lebte Gerichtspräsident Graf Johann Ignaz von Wolff-Metternich. Seine Frau Antonie nahm Klavier- und Gesangsunterricht, und Beethoven widmete ihr seine erste Komposition, die *Neun Variationen über einen Marsch von Ernst Christoph Dressler* WoO 63. Musikbegeistert waren auch die Töchter Terese und die als vorzügliche Klavierspielerin gelobte Felise.

Zu den Bonner Musikerfamilien kamen immer wieder nach Bonn verpflichtete auswärtige Spitzenmusiker. Hier ist besonders der Italiener Andrea Luchesi zu nennen, den schon der 15-jährige Mozart mit seinem Vater eigens in Venedig besucht hatte. Er war während Ludwig van Beethovens Bonner Zeit als Hofmusiker ununterbrochen Hofkapellmeister.

Eine wichtige Rolle in Bonn und für Beethoven spielte Christian Gottlob Neefe. Als er im Oktober 1779 als Musikdirektor ans Bonner Theater kam, war Neefe bereits renommierter Komponist und vor allem durch eine Reihe von auf deutschen Bühnen sehr populären Singspielen und die Vertonung u. a. von Klopstock-Gedichten als feste Größe im deutschen Musikleben etabliert. Kurfürst Maximilian Friedrich versprach ihm die Nachfolge von Gilles van den Eeden auf der begehrten Stelle als Hoforganist.

Neefe war nicht nur am Klavier und mit der Geige ein erfolgreicher Instrumentalist, sondern hatte auch umfassende Erfahrungen bei der Einstudierung und Leitung von Opernaufführungen und als Cembalist im Orchester. Ausgebildet bei Adam Hiller in Leipzig, brachte er die Bachsche Musiktradition nach Bonn.

Zudem hatte sich Neefe als Autor musiktheoretischer Schriften und als Musikjournalist einen Namen gemacht. Er übersetzte viele italienische und französische Opernlibretti, darunter schon 1788 Mozarts erst im Jahr zuvor uraufgeführten *Don Giovanni*, und fertigte zahlreiche Klavierauszüge populärer Opern an. Zeitgenossen galt Neefe als „einer der

gründlichsten und gefälligsten Tonsetzer unserer Zeit".[3] Zugleich war er als Publizist ein vehementer Verfechter der Aufklärung.
Als Lehrer und Förderer spielte Neefe für Beethoven eine besondere Rolle. In ihm kristallisierten sich nicht nur die hohen Qualitätsansprüche in der Musikstadt Bonn, mit denen Beethoven groß wurde, sondern auch die Atmosphäre, in der er aufwuchs, in der Musik nicht im Elfenbeinturm stattfand, sondern Teil der gesellschaftlichen Entwicklung zu mehr Freiheit war.

3 Christian Friedrich Daniel Schubart, Christ. Fried. Dan. Schubart ́s Ideen zu einer Ästhetik der Tonkunst, Wien 1806 (erschienen 14 Jahre nach Tod des Verfassers, von seinem Sohn herausgegeben, verfasst 1784/85), S. 184 f.

Kindheit und frühe Jugend

Aus den Erinnerungen Gottfried Fischers, dem Sohn des Vermieters der Beethovens in der Rheingasse, erfahren wir, dass die Beethoven-Kinder gerne im Schlosspark und am Rhein gespielt haben. Der kleine Ludwig ließ sich gerne Huckepack tragen und war fasziniert von den losen eisernen Haltern der Fensterläden. Etwas größer erwischte ihn

Gartenansicht des Beethoven-Hauses vor der Restaurierung 1889
Garden view of the Beethoven House, pre-restauration, 1889
Zeichnung von Beißel
Beethoven-Haus Bonn, B 670

die Nachbarsfrau beim Eierklau – er sei eben nicht nur ein „Notenfuchs", sondern auch ein „Eierfuchs" – oder er foppte die Nachbarskinder der Bäckerfamilie Fischer damit, dass

ihr Vater gar kein Bäcker, sondern ein Fischer sei, der kein Brot backe, sondern nachts im Rhein Fische fange.
Einmal hat der heranwachsende Ludwig van Beethoven unbemerkt von den Eltern auch einen Hahn geschlachtet. Die Kinder machten Witze darüber, dass dieser dabei „mit einer Altstimm" geschrien habe, und Ludwig meinte, weil er dieses „Gesangs" bald überdrüssig war, habe er den Hahn gebraten. Gern hat er wohl auch mit Pfeil und Bogen auf eine Scheibe geschossen.
Den ersten Schulunterricht erhielt Beethoven, wie es damals üblich war, ab dem sechsten oder siebten Lebensjahr u. a. in der Münsterschule, die sich damals im Kapitelhaus des Bonner Münsters befand. Dieser Unterricht währte nur vier bis fünf Jahre, denn schon bald konzentrierte sich Ludwig auf die Musik, was in einer Musikerfamilie kaum überraschen kann. Den ersten Klavierunterricht erhielt er schon als Vierjähriger, der die Tasten nur erreichen konnte, wenn er sich auf einen Schemel stellte.
Ludwig van Beethovens erster Musiklehrer war sein Vater Johann, dessen Unterricht damals auch in Adelsfamilien durchaus gefragt war. Wohl auch weil er aus eigener Anschauung den fordernden Berufsalltag eines Hofmusikers kannte, wollte er seinem Sohn das unverzichtbare musikalische Handwerkszeug mit auf den Weg geben, auf das auch der überdurchschnittlich Talentierte nicht verzichten kann. Dabei legte er Wert auf Disziplin. So erzählt Gottfried Fischer über den Geigenunterricht: „Ludwig spielte mal ohne Nohten, zufällig kam sein Vater herein, sagt, was kratz du denn da wider Dummes Zeüg durcheinander, du weis das ich das gar nicht leiden kann, kratz nach den Nohten, sonst wird dein kratzen wenig nutzen."[4]
Johann van Beethoven organisierte auch am 26. März 1778 den ersten öffentlichen Auftritt seines damals gerade einmal siebenjährigen Sohnes gemeinsam mit der 18-jährigen Altistin und Hofmusikerin Johanna Helena Averdonk, die ebenfalls seine Schülerin war. Im Ankündigungszettel des

4 Fischer nach Wetzstein, S. 46.

Konzertes heißt es, im „musikalischen Akademiesaal in der Sternengaß" zu Köln präsentiere Johann van Beethoven „sein Söhngen … mit verschiedenen Clavier-Concerten und Trios".

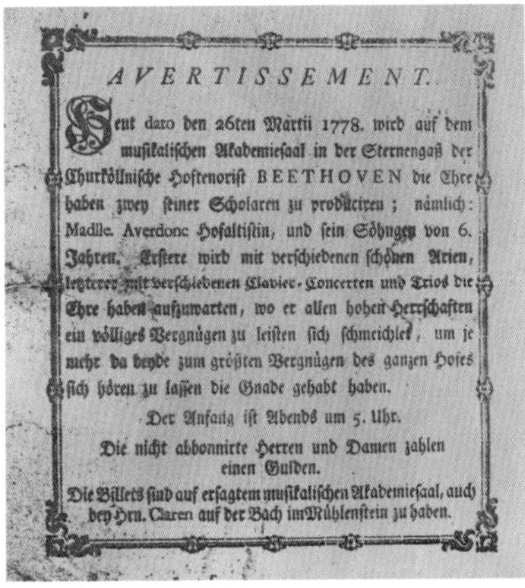

AVERTISSEMENT.

Heut dato den 26ten Martii 1778. wird auf dem musikalischen Akademiesaal in der Sternengaß der Churkölnische Hoftenorist BEETHOVEN die Ehre haben zwey seiner Scholaren zu produciren; nämlich: Madlle. Averdonc Hofaltistin, und sein Söhngen von 6. Jahren. Erstere wird mit verschiedenen schönen Arien, letzterer mit verschiedenen Clavier-Concerten und Trios die Ehre haben aufzuwarten, wo er allen hohen Herrschaften ein völliges Vergnügen zu leisten sich schmeichlet, um je mehr da beyde zum größten Vergnügen des ganzen Hofes sich hören zu lassen die Gnade gehabt haben.

Der Anfang ist Abends um 5. Uhr.

Die nicht abbonnirte Herren und Damen zahlen einen Gulden.

Die Billets sind auf ersagtem musikalischen Akademiesaal, auch bey Hrn. Claren auf der Bach im Mühlenstein zu haben.

Anschlagzettel von Beethovens erstem Auftritt als Pianist in Köln am 26. März 1778
Placard announcing Beethoven's first public appearance as a pianist in Cologne, 26 March 1778
Nc 91 KÖLN / 1778 Beet

Von da an gehörte das Klavierspiel vor Zuhörern zur Routine für den heranwachsenden Beethoven. Der Hofmusiker Bernhard Mäurer erinnerte sich später: „Wie sein Louis es im fertigen Spielen so weit gebracht hatte, daß er sich mit Beifall … konnte hören lassen, lud sein exaltirter Vater jeden, der ihm nur zu Gesichte kam, ein, seinen Louis zu bewundern."[5]
Mit dem zehnjährigen Sohn Ludwig unternahm Johann van Beethoven dann auch 1781 eine kleine Rundreise zu Musikfreunden in der Region. Der Weg führte sie linksrheinisch nach Flamersheim (heute Euskirchen), Odendorf (heute

5 Bernhard Joseph Mäurer, Über Ludwig van Beethovens Jugendzeit in Bonn (Nach Notizen eines Jugendfreundes Bernard Mäurer), 1830

Swisttal), Oberdrees (heute Stadtteil von Rheinbach), Ahrweiler, Ersdorf (heute Meckenheim) und zu den damals selbstständigen Dörfern Röttgen und Poppelsdorf. Rechtsrheinisch ging es nach Oberkassel, Hennef und Bensberg sowie in die Siegburger Benediktiner-Abtei.
Wie Gottfried Fischer berichtet, glaubte der Vater fest an das außergewöhnliche Talent seines Sohnes: „Joh: v: Beethoven mit dem Ausdruck mehrmal gesagt, mein Sohn Lutwig da habe ich getz meine einzige Freüde, er nimmt in der Musick und Componiren so zu, er wird von alle Bewunderungswürtig angesehen. Mein Lutwig, Mein Lutwig, ich sehe es ein. Er wird mit der Zeit ein großer Mann in der Weld werde."[6]
Es gehört zu den oft übersehenen Verdiensten von Johann van Beethoven, dass er für seinen Sohn früh – Beethoven war gerade acht Jahre alt - andere Lehrer suchte, weil er sich eingestand, ihm nichts mehr beibringen zu können. Hier sind vor allem der hochbetagte Hoforganist Gilles van den Eeden und die jungen Hofmusiker Tobias Friedrich Pfeifer sowie Franz Georg Rovantini, ein Neffe zweiten Grades von Beethovens Mutter, zu nennen. Letzterer lebte ab 1778 bei den Beethovens und war für den 13 Jahre jüngeren Ludwig wie ein älterer Bruder. Der Geiger und Bratschist war schon 1771 Bonner Hofmusiker geworden und nach dem Tod seiner Eltern bereits in jungen Jahren zur Fortbildung in Dresden gewesen. 1781 unternahm er mit Ludwig und dessen Vater die erwähnte Rundreise durch die Region und verstarb noch im gleichen Jahr nur 24-jährig.
Gilles van den Eeden war schon vor Beethovens Großvater 1716 nach Bonn gekommen, zunächst als Singknabe und dann ab 1723 als Hoforganist. Er galt damals als der beste Klavierspieler in der Residenzstadt, war aber über 60 Jahre älter als Beethoven und wohl auch deshalb nicht der ideale Lehrer für ihn. Wesentlich jünger war der um 1750 geborene Oboist, Cembalist Tobias Friedrich Pfeifer, der auch bei den Beethovens in der Rheingasse wohnte. Der außerge-

6 Fischer nach Wetzstein, S. 118.

wöhnlich begabte Musiker – zugleich trinkfester Kumpel von Beethovens Vater – blieb nur kurz in Bonn und unterrichtete Ludwig 1779/1780.

Eine wichtige Rolle spielte für den jungen Ludwig van Beethoven auch der Orgeldienst, den er schon früh begann. In der Franziskanerkirche leitete ihn dabei Pater Willibaldus und an der größeren Orgel in der Minoritenkirche (heute Remigiuskirche) Pater Hanzmann an. Dort spielte er auch häufig die Frühmesse um 6 Uhr. Der Spieltisch dieser Orgel befindet sich heute im Beethoven-Haus.

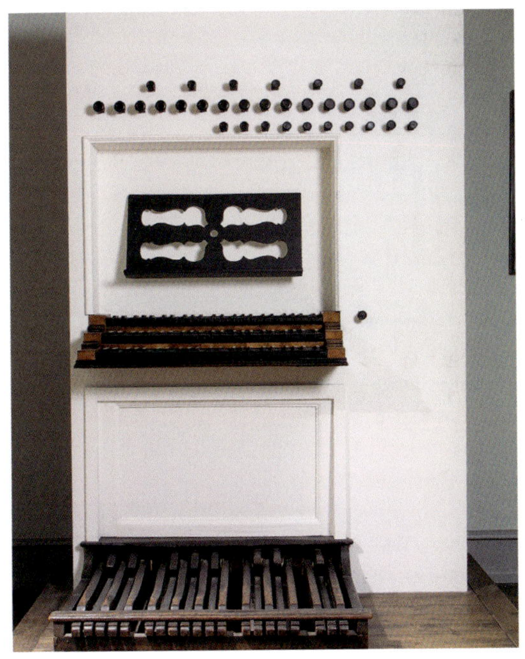

Spieltisch von „Beethovens Orgel" aus der Kirche St. Remigius (bis 1803 Minoritenkirche)
Console of the Beethoven Organ of St. Remigius, Bonn
im Museum Beethoven-Haus Bonn, 2001
Beethoven-Haus Bonn, Mö 7

Auf dem Weg zum Berufsmusiker

Man sollte sich die musikalische Ausbildung Beethovens nicht im heutigen Sinn als durchorganisierten Unterricht mit feststehendem Curriculum vorstellen. Er wuchs in einer Musiker-Familie auf, in der Musik den Alltag bestimmte. So war der Bonner Beethoven den verschiedenen musikalischen Einflüssen ausgesetzt – von der Kirchenmusik bis zu den unterschiedlichsten Opern und Singspielen, von der höfischen Unterhaltungsmusik bis hin zur Kammermusik und dem damals so populären Liedgut.
Ludwig van Beethoven war in hohem Maße Autodidakt, auch wenn er zugleich wesentliches musikalisches Handwerkszeug im traditionellen Sinn erlernt hatte. Er wuchs nicht nur mit Musik im Ohr auf, sondern musizierte von Kindesbeinen an selbst. Mit den Spitzenmusikern zu musizieren und von ihnen zu lernen, war Beethovens wichtigster Unterricht.
Die musikalischen Kenntnisse des elfjährigen Beethoven waren vor diesem Hintergrund schon so solide, dass ihn sein Lehrer Neefe kurzerhand zum Stellvertreter ernannte, als im Juni 1782 Gilles van den Eeden verstarb und er als neuer Hoforganist mit dem Kurfürst für die Sommermonate nach Münster reisen musste. Dass Ludwig van Beethoven so sein Können unter Beweis stellen konnte, war die Voraussetzung dafür, dass der neue Kurfürst Max Franz ihn 1784 offiziell zum stv. Hoforganist ernannte. Als Hofmusiker war der 13-jährige nun Berufsmusiker.
Schon am 2. März 1783 hatte das *Magazin der Musik* Beethoven als „vielversprechendes Talent" beschrieben: „Er spielt sehr fertig und mit Kraft das Clavier, ließt sehr gut vom Blatt, und um alles in einem zu sagen: Er spielt größtentheils das wohltemperirte Clavier von Sebastian Bach, welches ihm Herr Neefe unter die Hände gegeben. Wer diese Sammlung von Präludien und Fugen durch alle Töne

Christian Gottlob Neefe (1748–1798)
anonymes Gemälde
Beethoven-Haus Bonn, B 1934

kennt, (welche man fast das non plus ultra nennen könnte), wird wissen, was das bedeute."
Für Beethoven und Bonn war das Jahr 1784 insgesamt ein Jahr des tiefen Einschnitts gewesen. Es begann mit dem „Jahrtausendhochwasser" Ende Februar: der Rhein war wochenlang zugefroren und beim einsetzenden Tauwetter

bildeten die Eisschollen einen Damm. Das zurückgestaute Wasser überflutete Bonn in einem bis dahin und später ungekannten Ausmaß. Sogar die Kirchenbänke im Bonner Münster schwammen, im Kreuzgang ist die Hochwassermarke auch heute noch zu sehen. Die Familie Beethoven musste vor den Wassermassen Hals über Kopf zu einem Musikerkollegen in die Stockenstraße fliehen. Neben dem verheerenden Schlossbrand vom 15. Januar 1777, den Beethoven als sechsjähriges Kind erlebt hatte, war das Hochwasser die zweite existenzielle Katastrophe für die Residenzstadt in Beethovens 22 Bonner Jahren.
Die politischen Umwälzungen des Jahres 1784 standen den Naturgewalten in nichts nach. Vor allem der Tod des ungeliebten Ministers Belderbusch, bei dem praktisch alle Regierungsgewalt lag, am 2. Januar ist in seiner emotionalen Wirkung auf die Bevölkerung nicht zu unterschätzen. Die Erleichterung war so groß, dass sich die Menschen spontan mit Danksagungen vor dem Wohnhaus des Arztes versammelten, der Belderbusch ein falsches Medikament verschrieben hatte.
Auf die Familie Beethoven hatte Belderbuschs Ableben zunächst negative Auswirkungen, denn der Minister hatte seine schützende Hand über Johann van Beethoven gehalten. Was bisher ein Vorteil war, kehrte sich nun gegen Johann van Beethoven: Er war nicht mehr Protegé eines mächtigen Ministers, sondern Günstling einer verstorbenen Hassfigur. Zudem wurde Johann auch in eine Betrugsaffäre verwickelt. Die letzten Monate der Regentschaft von Maximilian Friedrich vergingen ohne den bis dahin allmächtigen Minister, bevor der Kurfürst am 15. April 1784 selbst verstarb. Mit dem neuen Kurfürst Max Franz als Dienstherrn konnte es der junge Beethoven freilich kaum besser treffen. Als jüngster Sohn von Kaiserin Maria Theresia hatte dieser selbst eine solide musikalische Ausbildung erhalten. Er war mit Mozart bekannt, nannte eine reichhaltige Notensammlung sein Eigen und spielte selbst als Bratschist – auch mit Beethoven – gerne in kammermusikalischen Ensembles. Dass sich mit Ludwig

van Beethoven ein Ausnahmetalent unter seinen Hofmusikern befand, hatte Max Franz schnell erkannt.

Max Franz (1756–1801), seit 1784
Kurfürst und Erzbischof von Köln
Max Franz, Elector and Archbishop of Cologne
from 1784 onwards
Gemälde von Armin Sarter nach einer Vorlage aus dem
18. Jahrhundert
Beethoven-Haus Bonn, B 208

Die erste Bonner Kompositionsphase 1781–1786

Nach der bisher bekannten Quellenlage hat Beethoven 1781 zum ersten Mal eine eigene Komposition öffentlich vorgelegt. Es handelte sich dabei um eine Trauerkantate für den im gleichen Jahr im Alter von 81 Jahren verstorbenen englischen Gesandten am kurfürstlichen Hof, George Cressener. Die Komposition Beethovens ist verschollen, wird aber in den Erinnerungen des damaligen Hofcellisten Bernhard Joseph Mäurer erwähnt, der auch berichtet, die Hofkapelle habe das frühe Werk gespielt.
Bei der ersten Komposition Beethovens, die gedruckt wurde und damit erhalten ist, handelt es sich um die 1782 im Verlag von Johann Michael Götz in Mannheim erschienenen *Neun Variationen für Klavier über einen Marsch von Ernst Christoph Dressler* WoO 63. Götz war der Hauptverleger des Nachwuchses der bedeutenden Mannheimer Schule. Dass er ein Werk von Ludwig van Beethoven aus Bonn verlegte, geht offenbar auf Neefes Vermittlung zurück. Dieser Druck war der erste Schritt für eine überregionale Wahrnahme des jungen Beethoven, der damals Bonn und die Region noch nicht verlassen hatte.
Gewidmet hat Beethoven diese Komposition der Gräfin Maria Antoinette Gräfin Wolff-Metternich, die Gesangsunterricht bei Beethovens Vater nahm und Hausmusiken veranstaltete, zu denen auch Beethoven kam. Das Thema der Variationen stammte von dem Musikschriftsteller, Sänger, Geiger und Komponisten Ernst Christoph Dressler, der vor allem in Bayreuth, Gotha, Wetzlar und Wien sowie seit 1774 in Kassel gewirkt hatte. Wie Beethoven an das Thema kam, ist unbekannt. Die Variationen – man kann davon ausgehen, dass Neefe seinem Schüler dabei zur Hand ging – stellen höhere technische Ansprüche als die meiste Klaviermusik der Zeit und geben so auch einen Einblick in Beethovens außergewöhnliche Fähigkeiten am Klavier.

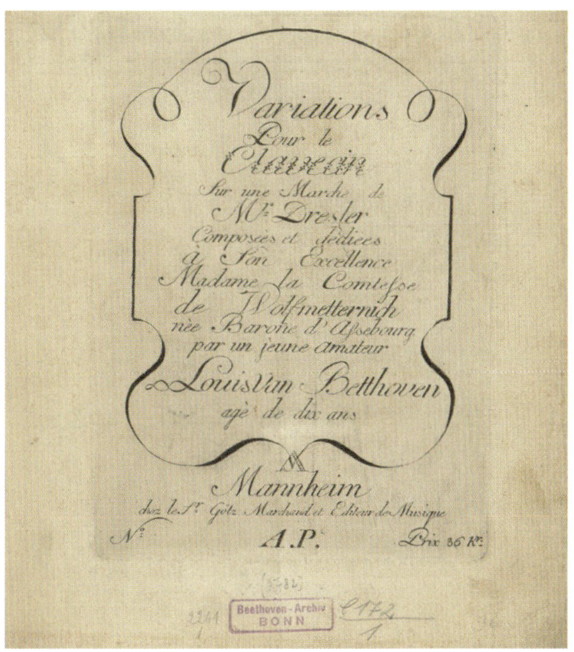
Variations
Pour le
Clavecin
Sur une Marche de
Mr. Dresler
Composées et dediées
à Son Excellence
Madame la Comtesse
de Wolfmetternich
née Barone d'Assebourg
par un jeune amateur
Louis van Betthoven
agé de dix ans

Mannheim
chez le Sr. Götz Marchand et Editeur de Musique
No. A.P. Prix 36 Kr.

Ludwig van Beethoven, Variationen über einen Marsch von Ernst Christoph Dressler für Klavier (c-Moll) WoO 63, 1–9, Götz, 89
9 Variations on a March by Dressler, WoO 63
Beethoven-Haus Bonn, C WoO 63 / 1

Das zweite, im April 1783 gedruckte Werk von Ludwig van Beethoven erschien in der von Heinrich Philipp Bossler in Speyer herausgegebenen musikalischen Wochenschrift *Blumenlese für Klavierliebhaber*. Es handelt sich dabei um das Lied mit Klavierbegleitung *Schilderung eines Mädchens* WoO 107. Direkt im Anschluss an das Lied wird in Bosslers Zeitschrift Beethovens *Rondo in C für Klavier* WoO 48 abgedruckt.
Im Oktober 1783 erschienen wiederum bei Bossler auch Beethovens *Drei Klavier-Sonaten* WoO 47, die er mit einer

ausführlichen Widmung Kurfürst Maximilian Friedrich zueignete. Sie gingen deshalb als „Kurfürsten-Sonaten" in die Musikgeschichte ein. Es ist besonders bemerkenswert, dass

Kurfürst Maximilian Friedrich Graf von Königsegg-Rothenfels (1708–1784)
Maximilian Friedrich von Königsegg-Rothenfels, Archbishop of Cologne
Fotografie eines wohl von Johann Michael Söckler stammenden Stiches nach einem Gemälde von Anton Stratmann
Beethoven-Haus Bonn, NE 81, Band I, Nr. 46

Beethoven in keinem der neun Sonatensätze einen musikalischen Einfall wiederholt. Hier findet sich auch erstmals eine für die Zeit ganz ungewöhnliche langsame Einleitung des ersten Satzes einer Klaviersonate, wie sie später in der *Klaviersonate Nr. 8 („Pathétique")* berühmt wurde. Wenn immer von den 32 Klaviersonaten Beethovens die Rede ist, bezieht sich das auf die Sonaten mit einer Opuszahl. Eigentlich müssten die drei Bonner Kurfürsten-Sonaten, die noch keine Opuszahl erhielten, mitgezählt werden, so dass von Beethoven tatsächlich 35 Klaviersonaten erhalten sind.
Aus dem Erscheinungsjahr der Kurfürsten-Sonaten 1783 stammt auch Beethovens einziges erhaltenes Werk für Solo-Orgel, die zweistimmige *Fuge für Klavier oder Orgel* WoO 31. 1784 druckte erneut Bossler weitere Kompositionen „del Sigre Bethofen", die in dieser Zeit komponiert worden sind: das *Rondo für Klavier* WoO 49 sowie das Lied für Singstimme und Klavier *An einen Säugling* WoO 108.
Dass Ludwig van Beethoven in jungen Jahren nicht nur ein begabter Pianist, sondern auch ein zu beachtender Komponist war, machte bald die Runde. Bei Bäckermeister Fischer liest es sich so: „Das Herr Lutwig v: Beethoven von Tag zu Tag in der Musick und Commponiren so zu nahm und an die fremde Herren seine Commponirung verkaufte, muß dadurch weit und breit sein berüchtig worden, das die genige [diejenigen], die ihn besucht hatte, an ander bericht, das dießer, ein noch so kleiner Junge, sich bereits alls Commponist auftrete, das dadurch so vielle von weit entlegener Fremde Musick Liebhaber her kamen, die ihn aus Neügir besuchte, aber wahr nahmen, es kamen auch welche Fremde, verlanngte von Herr Lutwig v: Beethoven, sie mögten ihn gern in einem kleine Consert spiele hören ..."[7]
Zwischen Dezember 1783 und Dezember 1784 schrieb Beethoven auch ein *Klavierkonzert in Es-Dur* WoO 4, von dem allerdings nur 32 Blätter mit dem vollständigen Solopart und dem Orchesterteil teilweise als Klavierauszug erhalten sind.

7 Fischer nach Wetzstein, S. 113.

Beethoven hat also tatsächlich nicht fünf, sondern sechs Klavierkonzerte geschrieben. Es ist darüber hinaus durchaus möglich, dass das „Jahrtausendhochwasser" vom Februar 1784 weitere frühe Beethoven-Manuskripte zerstört hat.

Ludwig van Beethoven, „Schilderung eines Mädchens", Lied für Singstimme und Klavier WoO 107, Bossler
Ludwig van Beethoven, „Schilderung eines Mädchens", WoO 107
Beethoven-Haus Bonn, C 252 / 21

Aus dem Jahr 1785 stammen *Drei Quartette für Klavier, Violine, Viola und Violoncello* WoO 36. Dass es sich nicht um Klaviertrios, sondern Klavierquartette, d. h. mit einer Bratsche als zusätzliches Streichinstrument, handelte, ist auffällig, weil diese Besetzung zu jener Zeit noch völlig unüblich war. Die beiden ersten Klavierquartette von Mozart erschienen erst 1785 und 1786.

Ebenso ungewöhnlich ist die Instrumentierung des 1786 komponierten *Trio für Klavier, Flöte und Fagott* WoO 37 wohl für die in dieser Besetzung musizierende Familie Westerholt. Für die gleiche Instrumentierung, diesmal mit Begleitung eines Orchesters, komponierte Beethoven ebenfalls 1786 eine *Romance cantabile* WoO 207, die aber nur als fragmentarische Skizze erhalten ist.

Die erste Phase der Bonner Beethoven-Werke hat ihren Schwerpunkt eindeutig im pianistischen Bereich. Für das Klavier sind acht Stücke komponiert: drei Sonaten und ein Klavierkonzert sowie fünf Kammermusik-Kompositionen, die das Klavier mit einschließen. Auch die beiden Lieder aus diesen Jahren bedürfen der Klavierbegleitung. Ein Orchester ist nur in der verschollenen Trauerkantate für Cressener, dem Klavierkonzert von 1784 sowie der Romanze von 1786 vorgesehen.

Die erste Wienreise und der Tod der Mutter 1787

Bis 1784 hatte Beethoven Bonn nur wenige Male verlassen, und das nur in Begleitung von Vater oder Mutter. Bekannt sind drei solcher Reisen: 1778 mit dem Vater zum ersten Auftritt in Köln, 1781 wiederum mit dem Vater mehrere Tage zu Musikfreunden in der Region und 1783 mit der Mutter nach Rotterdam und Den Haag.

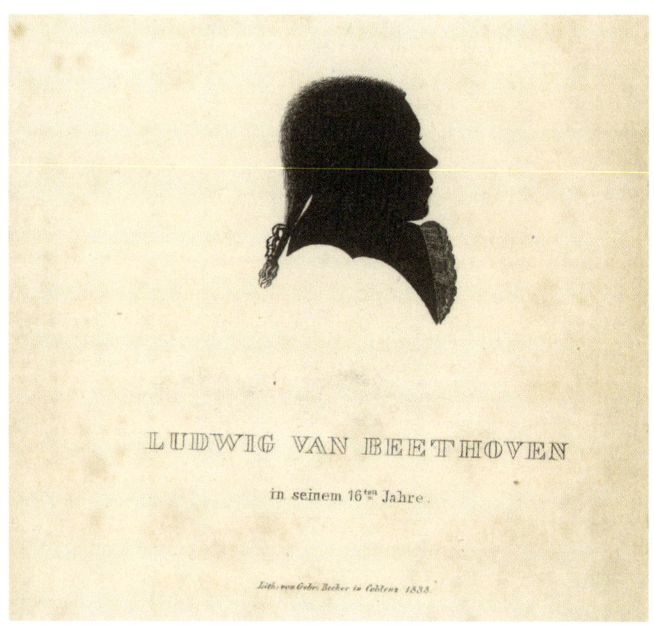

Ludwig van Beethoven im Alter von 15 Jahren, Silhouette,
Ludwig van Beethoven, aged 15, silhouette
Lithografie der Gebrüder Becker nach einem Schattenriss von Joseph Neesen als Frontispiz der Beethoven-Biographie von Franz Gerhard Wegeler und Ferdinand Ries
Beethoven-Haus Bonn, NI 1 / 1838 Wege

Dann unternahm Beethoven 1787 kurz nach seinem 16. Geburtstag seine erste selbstständige Reise. Sie führte mit einem Stipendium von Kurfürst Max Franz zur musikalischen Fortbildung bei Mozart in der Großstadt Wien. Beethoven verließ Bonn um den Silvestertag 1786. Über Frankfurt am Main, Würzburg, Nürnberg, Regensburg, Passau und Linz erreichte er mit der Postkutsche Wien, wo er am 14. Januar 1787 eingetroffen sein dürfte.
Es ist nicht nachweisbar, dass Beethoven und Mozart sich getroffen haben, aber durchaus möglich, da sich in den folgenden Wochen beide gleichzeitig in Wien aufhielten. Die Rückreise nach Bonn trat Beethoven – wohl auch wegen der Krankheit seiner Mutter – schon im April an, machte aber über Ostern Station in Regensburg und blieb dann einige Zeit in Augsburg.
Dort lernte er die Familie von Schaden kennen. Joseph von Schaden war Hofrat in Augsburg und auch als Musikschriftsteller tätig. Seine Frau Maria Anna – genannt Nanette – galt als ausgezeichnete Pianistin. Am Fürstenhof von Oettingen-Wallersteiner in der Nähe von Augsburg hatte sie den dortigen Hofkapellmeister Joseph Reicha kennengelernt, der 1785 nach Bonn gewechselt war. Vielleicht hatte dieser Beethoven von der herausragenden Pianistin erzählt und eine Reiseunterbrechung in Augsburg empfohlen.
Dazu kam eine weitere Verbindungslinie. In Augsburg hatte sich nämlich eine Freundschaft zwischen Nanette von Schaden und der ebenfalls Nannette genannten Anna Maria Stein aus der dort ansässigen renommierten Klavier- und Orgelbauer-Familie entwickelt, mit der schon die Familie Mozart enge Kontakte hatte. Auch Beethoven kannte die Instrumente aus Bonn.
Nannette Stein siedelte nach ihrer Heirat mit dem Schiller-Freund und Musiker Johann Andreas Streicher nach Wien um und führte dort den elterlichen Betrieb unter dem neuen Namen „Nannette Streicher geb. Stein". Beethoven war mit ihr befreundet. Das Ehepaar war mit wöchentlichen Konzerten im eigenen Konzertsaal ein Mittelpunkt des Wiener

Nanette von Schaden (1763–1834)
Fotografie einer anonymen Miniatur des frühen 19. Jahrhunderts,
aus: Stephan Ley, Beethoven-Ikonografie
Beethoven-Haus Bonn, NE 81, Band I, Nr. 90

Musiklebens und gehörte 1812 zu den Gründern der *Gesellschaft der Musikfreunde in Wien*. So waren die Augsburger Kontakte bei seiner ersten Wienreise für Beethoven wohl ebenso wichtig wie das, was er in Wien selbst erlebt hatte. Erst zwischen Mai und Anfang Juli 1787 kehrte Ludwig van Beethoven nach Bonn zurück und traf rechtzeitig ein, um seine schwer an Schwindsucht erkrankte Mutter noch lebend anzutreffen. Sie verstarb am 17. Juli im Alter von 40 Jahren. Aus den Wochen danach, vom 15. September 1787, stammt der älteste erhaltene Brief von Beethoven. Er richtete ihn an den Augsburger Ratsherrn von Schaden, der ihm Geld für die Rückreise geliehen hatte, und schrieb darin zu seiner verstorbenen Mutter: „sie war mir eine so gute liebenswürdige mutter, meine beste freundin".

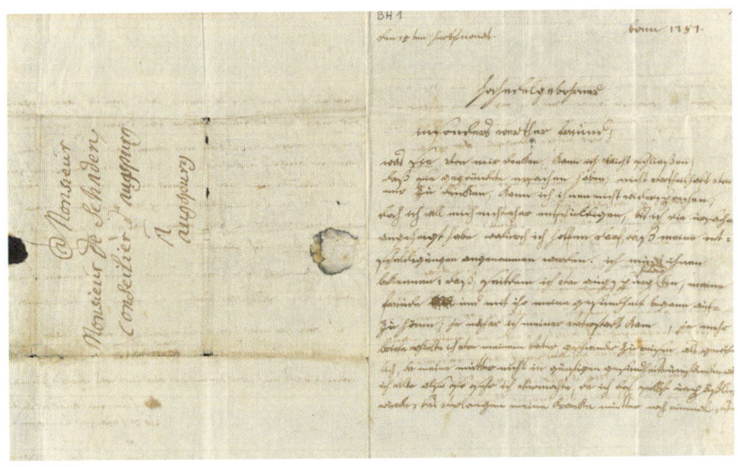
BH 1

Bonn 1787.

Monsieur de Schaden
conseilier d'augspurg
à augspurg

Beethovens Brief an „Monsieur de Schaden, conseilier d'augspurg à augspurg", Bonn, 15. September 1787, S. 1
Beethovens letter addressed to „Monsieur de Schaden, conseilier d'augspurg à augspurg", 1787
Beethoven-Haus Bonn, BH 1

Für den jungen Beethoven änderte sich mit dem Tod der Mutter alles, denn plötzlich wurde er zum Familienoberhaupt. Schon in den Jahren zuvor hatte sich in Folge der zunehmenden Alkoholsucht des Vaters die finanzielle Lage der Familie verschlechtert. Es fanden sich für Johann van Beethoven immer weniger Privatschüler, mit denen das Familieneinkommen aufgebessert werden konnte. Bereits 1785 waren die Beethovens aus der großzügigeren Wohnung mit repräsentativem Straßenblick in der Rheingasse in eine kleine Wohnung in einem Hinterhaus in der Wenzelgasse umgezogen.

Spätestens, als nach dem Tod seiner Frau im November 1787 auch seine gerade eineinhalbjährige Tochter Maria Margarete Josepha verstarb, brach Johann van Beethoven völlig zusammen. So musste der 16-jährige Ludwig die Verantwortung für seine beiden jüngeren Brüder übernehmen. Nikolaus Johann, damals 10 Jahre alt, kam in die Lehre in der Bonner Hofapotheke, der damals 13-jährige Kaspar Karl sollte Musiker werden.

1789 wurde Johann van Beethoven wegen seiner Alkoholsucht dienstunfähig, blieb aber bis zu seinem Tod auf der Gehaltsliste der Hofkapelle. Ludwig wurde die Vormundschaft für seine beiden jüngeren Brüder übertragen, und der Kurfürst erließ ein Dekret, das die Auszahlung der Hälfte des väterlichen Gehalts direkt an ihn zur Versorgung seiner Brüder anordnete.

Bonner Freunde und Weggefährten

In diesen schwierigen Jahren stand Ludwig van Beethoven glücklicherweise nicht allein, sondern nun zeigte sich, wie gut die Familie Beethoven in Bonn integriert war und dass dieses Beziehungsgeflecht auch belastbar war. Zum einen gab es den Kreis der Musikerkollegen, die teilweise schon vom Großvater als Hofkapellmeister gefördert worden waren und das musikalische Talent des jungen Ludwig van Beethoven längst erkannt hatten. Franz Anton Ries steht hier als Beispiel für viele. Er war nicht nur Beethovens Geigenlehrer, sondern auch sein väterlicher Freund.

Zu dem persönlichen Bonner Freundeskreis, der Ludwig van Beethoven zeitlebens begleitete, gehörte vor allem der fünf Jahre ältere Arzt Franz Gerhard Wegeler. Die beiden kannten sich seit Kindertagen. Nach Beethoven war Wegeler wie dieser zum Studium nach Wien gereist, kehrte von dort 1789 zurück und übernahm eine Professur für Geburtshilfe und Gerichtsmedizin.

Vermutlich schon um 1785 hatte Wegeler Beethoven in die Familie Breuning als Klavierlehrer eingeführt. Emanuel Joseph von Breuning war 1777 beim großen Schlossbrand ums Leben gekommen und hatte seine 26-jährige Frau Helene mit den vier Kindern Eleonore (geb. 1771), Christoph (geb. 1773), Stephan (geb. 1774) und Lorenz (geb. 1776) hinterlassen. Sie waren als Altersgenossen für Beethoven wie Geschwister, und die Breunings wurden für ihn angesichts der schwierigen eigenen Familienverhältnisse zur Ersatzfamilie.

Besonders Helene von Breuning wusste den manchmal ungestümen Beethoven zu nehmen. Seine gelegentlichen cholerischen Ausbrüche kommentierte sie – wie Gottfried Fischer berichtet – „immer mit Achselzucken: ‚Er hat heute

Franz Gerhard Wegeler (1765-1848)
Porträt von Johann Heinrich Richter
Beethoven-Haus Bonn, B 2050

wieder seinen Raptus.'"[8] Zeitlebens hat Beethoven diesen Begriff selbstironisch verwendet.
Ein Schwager und ein Bruder von Helene von Breuning waren Stiftsherren und übernahmen als Hauslehrer die Bildung der Breuning-Kinder. Von diesem Privatunterricht profitierte auch Beethoven, der so quasi zum Ausgleich für seine kurze Schulzeit in den Bildungskanon der Zeit eingeführt wurde. Beide Lehrer waren auch den Zielen der Aufklärung besonders verpflichtet.

8 Fischer nach Wetzstein, S. 37.

Das Breuningsche Haus am Bonner Münsterplatz – heute steht dort die Galeria Kaufhof – war auch gesellschaftlicher Treffpunkt, und Beethoven verbrachte viele Stunden am Klavier in dem im Erdgeschoss gelegenen Musikzimmer. Neben der Erweiterung des geistigen Horizonts ermöglichte die Familie von Breuning ihm auch den Blick über den Bonner Tellerrand. Helene von Breuning reiste mit ihren Kindern regelmäßig zu Verwandten nach Kerpen und Ahrweiler, und Beethoven dürfte oft dabei gewesen sein.

Familie von Breuning, geschnittene und getuschte Silhouette, 1782
The von Breuning family, silhouette, 1782
früher Joseph Neesen oder Gerhard von Kügelgen zugeschrieben
Beethoven-Haus Bonn, Leihgabe Karl-Oswald von Nell 4

Beethovens Freundschaft zu den Breuning-Kindern hielt lebenslang an. Das gilt vor allem für Stephan von Breuning, der später auch nach Wien zog. Besonders innig war auch Beethovens Beziehung zu der zwei Jahre jüngeren Eleonore von Breuning. Sie mag in den Bonner Jahren auch romantischer Natur gewesen sein, war aber auf jeden Fall eine tief empfundene persönliche Freundschaft. Auch wenn sie sich nach Beethovens Abreise aus Bonn nicht mehr getroffen haben, so zeigen Briefe wie ihre tiefe Verbundenheit ein Leben

Eleonore von Breuning (1771–1841) am Klavier
Eleonore von Breuning, seated at a piano
Anonymes Gemälde
Beethoven-Haus Bonn, Leihgabe Karl-Oswald von Nell 1

lang anhielt. Beethoven nahm offenbar nie Anstand daran, dass sein Freund Franz Gerhard Wegeler 1802 die gemeinsame Freundin Eleonore von Breuning geheiratet hatte. Bis zu seinem Tod aufbewahrt hat Beethoven den anrührenden Gruß, den ihm Lorchen – wie sie allgemein genannt wurde – zu seinem zwanzigsten Geburtstag geschickt hatte:

„Zu B.'s Geburtstag v.[on] seiner Schülerinn:

Glück u. langes Leben
Wünsch' ich heute Dir
Aber auch daneben
Wünsch' ich Etwas mir
Mir in Rücksicht Deiner
Wünsch' ich Deine Huld
Dir in Rücksicht meiner
Nachsicht u. Geduld.
Von Ihrer Freundinn u. Schülerinn
Lorchen v. Breuning. 1790"[9]

Romantische Neigungen werden Beethoven in seiner Bonner Zeit auch zu zwei anderen jungen Damen nachgesagt. So berichtet Gerhard Wegeler: „Seine und Stephan von Breuning's erste Liebe war Fräulein Jeanette d'Honrath aus Köln, Neumarkt, Nro. 19. (jetziges Wohnhaus des Baumeisters Herrn Biercher), die oft einige Wochen in der von Breuning'schen Familie in Bonn zubrachte. Sie war eine schöne, lebhafte Blondine, von gefälliger Bildung und freundlicher Gesinnung, welche viele Freude an der Musik und eine angenehme Stimme hatte."[10]
Wie Wegeler berichtet, folgte auf Jeanette d'Honrath Beethovens „liebevollste Zuneigung zu einer schönen und artigen Fräulein v. W., von welcher Werther=Liebe Bernhard Romberg mir vor drei Jahren noch Anecdoten erzählte."[11] Damit spielte er auf den 1774 erschienenen außerordentlich erfolgreichen und wirkungsmächtigen Roman *Die Leiden des jungen Werthers* von Johann Wolfgang Goethe an, in dem es um eine ebenso tiefe wie aussichtslose Liebe des

9 Zit. nach Clemens Brenneis, Das Fischhof-Manuskript in der Deutschen Staatsbibliothek (Text und Kommentar), in: Zu Beethoven (hrsg. von Harry Goldschmidt) Berlin, Band 2, 1984, S. 44.

10 Wegeler/Ries, S. 42 f.

11 Wegeler/Ries, S. 43.

Protagonisten zu einer jungen Frau geht, die bereits einem anderen versprochen ist.
Mit dem „Fräulein v. W." war Anna Maria Wilhelmine von und zu Westerholt-Gysenberg gemeint. Ihr Vater war als hochfürstlicher Münsterischer Obrist-Stallmeister und Geheimrat hoher kurkölnischer Beamter ständig in Bonn. Er war talentierter Fagottist, einer seiner Söhne spielte Flöte und die Tochter Anna Maria hatte vermutlich schon 1786 als Zwölfjährige bei Beethoven Klavierunterricht erhalten. Für die Familie komponierte Beethoven um diese Zeit wohl auch das erwähnte *Trio für Klavier, Flöte und Fagott* WoO 37. Beethoven soll im Sommer 1791 auch zu Gast im Stammsitz der Westerholts in Herten bei Münster gewesen sein.
Eine besondere Heimat war für Beethoven auch die Gaststätte „Zehrgarten" am Bonner Marktplatz. Geführt von der „Wittib (Witwe) Koch", einer Bonner Institution, um einen Buchladen erweitert, entwickelte sich dort ein Treffpunkt von Studenten und Künstlern. Der Bonner Jura-Professor Bartholomäus Fischenich nannte das Wirtshaus rückblickend den „Mittelpunkt alles geistigen und geselligen Vergnügens in Bonn".[12]
Dabei war ein besonderer Anziehungspunkt die Wirtstochter Babette Koch. Sie nannte Franz Gerhard Wegeler noch in hohem Alter „eine Dame, welche von allen Personen weiblichen Geschlechts, die ich in einem ziemlich bewegten Leben, bis zum hohen Alter hinaus, kennen lernte, dem Ideal eines vollkommenen Frauenzimmers am nächsten stand."[13]
Die junge Frau war auch Musikliebhaberin, sang wohl und spielte Klavier. So erstaunt es nicht, dass Stephan von Breuning später von Beethovens „Herzensneigungen zu Fräulein

12 Max Braubach, Von den Menschen und dem Leben in Bonn zur Zeit des jungen Beethoven und der Babette Koch-Belderbusch, in: Bonner Geschichtsblätter (hrsg. vom Bonner Heimat- und Geschichtsverein und dem Stadtarchiv Bonn) Band 23, Bonn 1969, S. 82.

13 Wegeler/Ries, S. 58 f.

Babette Koch (1771–1807)
Fotografie eines anonymen Ölgemäldes, wohl vom Ende des 18. Jahrhunderts
Beethoven-Haus Bonn, NE 81, Band I, Nr. 106

Babette Koch"[14] berichtet hat.
Als er nach Wien abgereist war, beschwerte sich Beethoven bei Eleonore von Breuning, dass Babette seine Briefe unbeantwortet ließ. Später erfuhr er von der Liaison seiner Jugendfreundin mit Anton Maria Graf von Belderbusch,

14 Gerhard von Breuning, Aus dem Schwarzspanierhause – Erinnerungen an L. van Beethoven aus seiner Jugendzeit von Dr. Gerhard Breuning (Neudruck mit Ergänzungen und Erläuterungen von Alfred Christlieb Salomo Ludwig Kalischer), Berlin / Leipzig 1907 (erstmals erschienen Wien 1874), S. 14.

dem Neffen des verstorbenen allmächtigen Staatsministers, und kommentierte das am 29. Juni 1801 in einem Brief an Franz Gerhard Wegeler nicht ohne Sarkasmus mit den Worten: „was Koch's angeht, so wundere ich mich gar nicht über deren Veränderung, das glück ist kugelrund und fällt dann natürlich nicht immer auf das edelste, das beste".
Ein besonderer Glücksfall für Beethoven war es, dass 1787 Graf Ferdinand Ernst von Waldstein und Wartenberg aus Wien nach Bonn kam. Nach einem Novizenjahr wurde er 1788 in Bonn zum Ritter geschlagen. Zu diesem Ereignis in Bonn kamen nicht nur die Kurfürsten von Mainz und Trier, sondern es war sogar der *Wiener Zeitung* eine Mel-

Das Breuningsche Haus am Bonner Münsterplatz
Breuning residence, Münsterplatz (Bonn), 1896
Aquarell von Matthias Frickel, 1896
Beethoven-Haus Bonn, B 2448

dung wert. Das Fest wurde allerdings für den ständig verschuldeten Grafen unter anderem von der Familie Breuning (vor-)finanziert.

Waldstein war ein enger Vertrauter des Kurfürsten und überzeugter Verfechter der Ideale der Aufklärung. Zugleich war er ein guter Pianist und komponierte. Franz Gerhard Wegeler erinnerte später daran, dass der Graf der „erste und in jeder Hinsicht der wichtigste Mäcen Beethoven's war … Dieser war es, welcher unsern Beethoven, dessen Anlagen er zuerst richtig würdigte, auf jede Art unterstützte. Durch ihn entwickelte sich in dem jungen Künstler das Talent, ein Thema aus dem Stegreife zu variiren und auszuführen. Von ihm erhielt er, mit der größten Schonung seiner Reizbarkeit, manche Geldunterstützung, die meistens als eine kleine Gratification vom Kurfürsten betrachtet wurde. … Diesem Grafen von Waldstein verdankte Beethoven, daß er in der ersten Entwickelung seines Genie's nicht niedergedrückt wurde."[15]

Wiewohl unklar ist, unter welchen Umständen Beethoven 1805 in Wien Graf Waldstein die Klaviersonate Nr. 21 widmete, wirkt die Widmung als Beweis der Dankbarkeit des Komponisten dauerhaft nach: Für das Werk hat sich die Bezeichnung „Waldstein-Sonate" eingebürgert.

Einen guten – allerdings nicht vollständigen – Einblick in Beethovens engeren Bonner Freundeskreis am Ende seiner 22 Bonner Jahre gibt das sogenannte „Stammbuch", das Beethoven zu seinem Abschied aus Bonn Anfang November 1792 wohl als Lose-Blatt-Sammlung übergeben wurde. Auf 18 Blättern finden sich dabei 15 Eintragungen – teilweise auch mit Zeichnungen.

Von den Stammbuch-Freunden stammten aus der höfischen Welt neben Graf Waldstein auch Karl August Freiherr von Malchus, ab 1790 in Bonn als Privatsekretär des Grafen Clemens August von Westfalen zu Fürstenberg, und Heinrich von Struve, dessen Vater Diplomat für Russland in Bonn war. Zum Umfeld des Hofes zählte der Sohn des Kapellendieners

15 Wegeler/Ries, S. 13 f.

(Küsters) in der Schlosskirche, der Student Peter Joseph Eilender.
Aus dem Geistesleben finden sich im Stammbuch der Geistliche und Lehrer Johann Jakob Richter, Johann Joseph Eichhoff, Mitbegründer der Lesegesellschaft und Gatte der Hof-Sängerin Eva Grau, sowie der Jurastudent Johann Martin Degenhart, dem Beethoven 1792 das *Duo für zwei Flöten* WoO 26 gewidmet hat.
Gleich fünf Einträge kommen von der Familie der Zehrgarten-Inhaber/Betreiber selbst: Neben Wittib Koch sind dies ihre Kinder Marianne und Matthias, ihr Bruder Jacob Klemmer und der Arzt und Hausgenosse Johann Heinrich Crevelt.
Die Einträge in Beethovens Stammbuch sind ein Spiegel der Zeit und zeigen das intellektuelle Umfeld Beethovens und seiner Freunde. Acht Beiträge nutzten Zitate prominenter Autoren der Zeit – allesamt der Aufklärung verbunden. Allein drei der Stammbucheinträge zitieren aus Friedrich Schillers Drama *Don Karlos*.

Bonn als Stadt der Aufklärung

Bonn war zu Beethovens Zeiten als Residenzstadt Zentrum des staatlichen und kulturellen Lebens und zugleich ein Ort großer geistiger Offenheit. Es war damit Teil einer europäischen Entwicklung, die nach dem Tod des Sonnenkönigs Ludwigs XIV. im Jahr 1715 ihren Durchbruch erlebte. Ab den 1720er Jahren entfalteten die Schriften von Voltaire ihre Wirkung, Mitte des Jahrhunderts begann Immanuel Kant zu veröffentlichen, und in immer schnellerer Folge ergriff der

Der Marktplatz von Bonn mit dem Gasthaus „Zehrgarten" (zweites Haus von rechts). Seitenverkehrtes Guckkastenbild von Baltasar Friedrich Leitzel (1751– ca. 1800) und Johann Franz Roussaux (ca. 1717–1804) aus dem Jahr 1780.

Market place with Zehrgarten Inn (second house from the right) and the Old City Hall (centre), 1780. Reversed peep box image.

Stadtarchiv Bonn, DA06_6954

Wandel das gesellschaftliche und damit auch das kulturelle Leben. Rationales Denken und soziale Reformen verdrängten Ausschweifungen und Willkür des Absolutismus.
In die Bonner Beethoven-Zeit fielen Ereignisse, die die Welt bewegten und veränderten – von der amerikanischen Unabhängigkeit 1776 und der Französischen Revolution 1789 über Entdeckungsreisen von James Cook in den 1770er Jahren bis zur Entwicklung der Dampfmaschine, der Erforschung der Elektrizität und zum Siegeszug des Heißluftballons. Entdeckerdrang griff allenthalben um sich. Bonner Druckschriften berichteten darüber.
In Beethovens Jugendjahren entfalteten bis heute gültige Werke ihre Wirkung, in denen Standesunterschiede problematisiert wurden und die Rechte des Einzelnen mit dem Ideal der Freiheit im Mittelpunkt standen: Gotthold Ephraim Lessings *Minna von Barnhelm* (1767), *Emilia Galotti* (1772) und *Nathan der Weise* (1783), Goethes *Götz von Berlichingen* (1774) und *Egmont* (1789), Schillers *Die Räuber* (1782) und *Don Karlos* (1787) sowie Mozarts Opern *Die Entführung aus dem Serail* (1782), *Die Hochzeit des Figaro* (1786) und *Don Giovanni* (1787).
Neben Stücken von Molière und Voltaire standen solche Stücke früh auf dem Bonner Spielplan. Vor allem Schillers Dramen *Die Räuber* sowie *Kabale und Liebe* kamen bereits 1783 bzw. 1784 kurz nach ihrer Uraufführung in der Residenzstadt auf die Bühne. Schillers *Die Verschwörung des Fiesko zu Genua* wurde 1783 hier sogar uraufgeführt. Es hat seine Ursache in der Bonner Zeit, dass Schillers Werk Beethoven lebenslang faszinierte.
Die Kurfürsten Maximilian Friedrich und Max Franz standen den Werten der Aufklärung nicht nur offen gegenüber, sondern förderten sie auch und setzten sie von der Armenversorgung über eine liberale Kulturpolitik bis zur Bildungsreform in konkrete Politik um. Gerade Max Franz war ein sehr liberaler Regent. Demonstrativ wohnte er nicht im kurfürstlichen Schloss und war oft in schlichter Kleidung auf den Straßen Bonns zu sehen.

Dieses Bonner Reformklima war für Beethovens Entwicklung zur Persönlichkeit von entscheidender Bedeutung. Es trug auch dazu bei, dass in Bonn damals ein weitgehend konfliktfreies Nebeneinander von Adel und Bürgertum möglich war. Erleichtert wurde dies durch die Überschaubarkeit der Stadt: Man kannte sich, lief sich häufig über den Weg und war miteinander vernetzt. Die Hälfte der damals etwa 10.000 Einwohner – die Stadtgrenzen entsprachen in etwa der heutigen Innenstadt mit der Fußgängerzone – gehörten zu Familien, die ihr Auskommen am kurfürstlichen Hof und in der kurfürstlichen Verwaltung fanden. Die andere Hälfte gehörte zu Handwerkerfamilien.

Der Welt des Neuen und der Neugier begegnete Ludwig van Beethoven in seiner Heimatstadt nicht nur abstrakt, sondern ganz konkret: Es ist bemerkenswert, wie viele Musiker und Musikliebhaber eine wichtige Rolle dabei spielten, dass in der Zeit der Beethovens in Bonn die Ideen der Aufklärung mehr und mehr Besitz von der Stadt ergriffen.

Als in Bonn 1781 eine Sektion des Geheimbundes der „Illuminaten" entstand, der durch sittliche Verbesserung die Herrschaft von Menschen über Menschen überflüssig machen wollte, gehörte Christian Gottlob Neefe zu den Gründern. Er übernahm 1784 auch die leitende Aufgabe des Bonner Ordenspräfekten. In seiner Aufnahmeschrift beschrieb Neefe die eigenen Ideale mit den Worten: „Handhabung der Rechte der Menschheit... Trachten nach Tugend; Ausdauern in ihr; Widerstreben dem Laster; Mitleid und Hülfe dem Unglücklichen; Verderben dem unverbesserlichen Bösewicht; Duldung der Schwachheit, Unterricht dem Unwissenden, Aufklärung dem Irrthum; Bekanntschaft mit den Eigenheiten der verschiedenen Stände der bürgerlichen Gesellschaft."[16]

Die zwölf Bonner Illuminaten waren allesamt prominente Personen, die dem kurfürstlichen Hof entweder nahestan-

16 Zitiert nach Peter Schleuning, Die Taten des Prometheus, in: Martin Geck und Peter Schleuning, Geschrieben auf Bonaparte. Beethovens «Eroica»: Revolution, Reaktion, Rezeption, Hamburg 1989, S. 21 und 23.

den oder ihm angehörten. Neben Neefe gehörten auch die Musiker Franz Anton Ries und Nikolaus Simrock sowie zwei weitere Hofmusiker dazu. Hinzu kam der bereits erwähnte Hauptmann Ferdinand d'Antoine. Nach internen Konflikten in Bonn und unter dem Eindruck des Verbotes der Organisation in Bayern löste sich die Bonner Illuminatengruppe 1785 selbst auf.

Neun der elf noch lebenden früheren Illuminaten – darunter Ries und Simrock - beteiligten sich dann 1787 an der Gründung der Bonner Lesegesellschaft. Noch im gleichen Jahr kamen Neefe und der kurfürstliche Musikdirektor Joseph Reicha dazu. Es folgten eine ganze Reihe weiterer Hofmusiker sowie aus dem Freundeskreis Beethovens Graf Waldstein, Franz Gerhard Wegeler und viele Breunings.

Damals gab es in Deutschland etwa 420 Lesegesellschaften. Weil Druckerzeugnisse teuer waren, war man auf die Idee gekommen, Zeitschriften und Journale zu teilen und kursieren zu lassen. Aus dem gemeinsamen Lesestoff ergab sich der Stoff für Gespräche und Debatten. In Bonn traf man sich zunächst im Eggelmeierschen Haus gegenüber dem Schloss. Auch der Kurfürst Max Franz gehörte zu den regelmäßigen Besuchern. Von ihm gefördert konnte die Gesellschaft 1788 Räume im zweiten Stock des Rathauses am Markt beziehen. Deutlicher konnte die Unterstützung des Regenten für die Ideale der neuen Zeit kaum demonstriert werden. Auf Beethoven blieb dies sicherlich nicht ohne Wirkung. Wohl wegen des recht hohen Beitrages wurde er allerdings selbst kein Mitglied.

Eine weitere wichtige Institution der Aufklärung in Bonn hatte bereits Kurfürst Maximilian Friedrich initiiert: Als 1773 der Jesuitenorden von Papst Clemens XIV. aufgehoben wurde, war das für ihn Anlass, das Jesuiten-Gymnasium in eine Akademie umzuwandeln, die 1777 den Lehrbetrieb aufnahm. Sie war ein wichtiger Teil einer Bildungsreform, die 1783 – und damit zu spät für Beethovens Schullaufbahn – zur Eröffnung der ersten „Normalschule" in Bonn führte. Schon mit der Berufung des Calvinisten Neefe zum Hoforganisten

am katholischen Hof im Jahr zuvor hatte Maximilian Friedrich gezeigt, wie sehr der liberale Geist der Aufklärung die Unterstützung des Regenten genoss.
Max Franz erhob die „Maxische Akademie" 1786 zur ersten Bonner Universität. Schon im folgenden Jahr führte der Hofkalender jeweils sechs Professoren der Theologie, Jurisprudenz und Medizin auf, sowie zehn für Philosophie und andere Bereiche. Es gab etwa 230 Studenten, überwiegend Mediziner und Theologen. Ludwig van Beethoven schrieb sich am 14. Mai 1789 gemeinsam mit seinem Musikerfreund Anton Reicha und dem Maler Karl von Kügelgen als Student ein, wobei unklar bleibt, ob und welche Vorlesungen er dort besuchte.
Attraktiv war die Universität vor allem, weil auf Initiative von Kurfürst Max Franz weit über die Grenzen Bonns hinaus bekannte Professoren angeworben wurden. Dazu gehörte auch der Franziskanerminorit Eulogius (eigentlich: Johann Georg) Schneider, ein begabter Redner, als Professor für Literatur und Schöne Künste. Als Prediger war er in Württemberg wegen seiner aufgeklärten Haltung vom Priesteramt dispensiert worden.
Seine Antrittsvorlesung gegen die Unterdrückung der deutschen Sprache durch jesuitische Lateinschulen sowie 88 Gedichte und Spottverse von amourösen Gedichten an Nonnen bis zum Loblied auf den Sturm auf die Bastille bereitete Schneider zur Publikation vor und warb um Subskribenten. Er gewann dafür viele Persönlichkeiten aus ganz Deutschland, darunter Kurfürst Max Franz, die Hofmusiker Joseph und Anton Reicha, Christian Gottlob Neefe und Nikolaus Simrock, Mitglieder der Familie Breuning, die Gräfin Hatzfeld und auch Ludwig van Beethoven, der sein Exemplar des Gedichtbandes bis zu seinem Tod behielt. Schneider verließ 1791 Bonn, radikalisierte sich in Straßburg als Jakobiner und wurde 1794 in Paris unter der Guillotine hingerichtet.

Matrikel der Kurfürstl.[ich] Maxischen Akademie in Bonn welche S:[eine]Kurf:[ürstliche] Gnaden zu Köln Maximilian Friderich durch eine feÿerliche Urkunde vom 30ten Maÿ 1777: mildest gestiftet haben, S. 225v

Beethoven's entry in the records of Maximilian Friedrich's Academy, 1777

Universitäts- und Landesbibliothek Bonn, S 418

Am Klavier, an der Orgel und im Orchester

Als Solist am Klavier zog Beethoven wegen seines außergewöhnlichen Talents früh die Aufmerksamkeit auf sich. Schon 1783 schrieb Christian Gottlob Neefe im *Magazin der Musik* über den Zwölfjährigen: „Er würde gewiß ein zweyter Wolfgang Amadeus Mozart werden, wenn er so fortschritte, wie er angefangen."

Als Beethoven im November des gleichen Jahres mit seiner Mutter zum Verwandtenbesuch nach Rotterdam reiste und in Den Haag mit dem 25 Jahre älteren und etablierten Geiger und Komponisten Carl Stamitz ein Konzert gab, vermerkt der erhaltene Gagenzettel für das Bonner Ausnahmetalent ein Honorar von 63 Gulden, während sich der etablierte Stamitz mit nur 14 Gulden begnügen musste.

Beethovens pianistische Entwicklung schritt in Bonn so konsequent voran, dass der Musikkritiker, Pianist und Komponist Carl Ludwig Junker ihn am 30. November 1791 in der *Musikalischen Korrespondenz der Teutschen Filharmonischen Gesellschaft für das Jahr 1791* als den „größten Spieler auf dem Klavier" bezeichnete und schrieb: „Sein Spiel unterscheidet sich auch so sehr von der gewöhnlichen Art das Klavier zu behandeln, daß es scheint, als habe er sich einen ganz eigenen Weg bahnen wollen, um zu dem Ziel der Vollendung zu kommen, an welchem er jetzt steht."

So kam der Bonner Beethoven in Wien als Ausnahmepianist an, der schon in den ersten Monaten Furore machte. Der damals hochgeachtete Pianist Abbé Joseph Gelinek schrieb über den zwanzig Jahre Jüngeren Mitte 1793 nach einem Klavier-Duell: „In dem jungen Menschen steckt der Satan. Nie habe ich so spielen gehört! Er phantasierte auf ein von mir gegebenes Thema, wie ich selbst Mozart nie phantasieren gehört habe. Dann spielte er einige Kompositionen, die im höchsten Grade wunderbar und großartig sind, und er

Hammerflügel, Beethovens letzter Flügel, Wien, 1826
Fortepiano, Beethoven's final grand piano, Vienna, 1826
Beethoven-Haus Bonn, Mö 2

bringt auf dem Klavier Schwierigkeiten und Effekte hervor, von denen wir uns nie etwas haben träumen lassen."[17]
Die Improvisationskraft Beethovens hatte schon in Bonn die Menschen fasziniert. Sein Jugendfreund Joseph Wurzer schildert später die außergewöhnliche Wirkung von Beethovens Orgelspiel bei einem Besuch in der Kirche im Godesberger Kloster Marienforst: „B. fing nun an, Themata, die ihm die Gesellschaft aufgab, zu variiren, so daß wir wahrhaft davon ergriffen wurden; aber was weit mehr war, und den neuen Orpheus verkündigte: gemeine Arbeitsleute, die

17 Zit. nach Carl Czerny: Erinnerungen aus meinem Leben, ca. 1860 (herausgegeben mit Anmerkungen versehen von Walter Kolneder), Straßburg / Baden-Baden, 1968, S. 9.

unten in der Kirche das durch das Bauen Beschmutzte rein machten, wurden lebhaft davon afficirt, legten vor und nach ihre Werkzeuge hin, und hörten mit Staunen und sichtbarem Wohlgefallen zu!"[18]
1789 begann Beethoven seinen zusätzlichen Orchesterdienst als Bratscher. Im Juli 1791 wird er bei einer Auflistung der Hofmusiker so häufig genannt wie kein anderer, nämlich gleich an drei Stellen: als Organist, Bratschist und mit dem Hinweis „Klavierkonzerte spielt Hr Ludwig v. Beethoven". Während sich die Laufbahn des pianistischen Solisten Beethoven in Wien fortsetzte, war Beethovens Orchesterdienst auf die Bonner Jahre beschränkt. Er lernte in jenen Jahren sowohl die Möglichkeiten und Grenzen der unterschiedlichen Instrumente kennen, als auch das „Instrument Orchester". Dabei wurde er mit einem umfangreichen Repertoire konfrontiert.

Viola, Beethovens Dienstinstrument in der Bonner Hofkapelle
Viola, Beethoven's official instrument in Bonn's Court Orchestra
Beethoven-Haus Bonn, Mö 11

18 Zit. nach TDR, Bd. 1, S. 260.

Ein besonderes Ereignis für den Orchestermusiker Ludwig van Beethoven war sicherlich die Reise des Orchesters im Herbst 1791 nach Mergentheim. Unter dem Vorsitz des Kurfürsten Max Franz als Großmeister fand dort die Generalversammlung des Deutschen Ordens statt. Man reiste in zwei Jachten aus Bonn über Rhein und Main an und kehrte Ende Oktober wieder zurück. Der bekannte Sänger und Komiker Joseph Lux wurde von der ausgelassenen Reisegesellschaft zum König gewählt und ernannte Bernhard Romberg und Ludwig van Beethoven zu Küchenjungen. Franz Gerhard Wegeler erzählt dazu später: „Das Diplom seiner weitern Beförderung, welches Beethoven erhielt, datirt: auf der Höhe von Rüdesheim, wird man wohl noch in seiner Verlassenschaft gefunden haben; wenigstens habe ich es noch im Jahr 1796 bei ihm im besten Verwahrsam gesehen. Ein großes, im Deckel einer Schachtel in Pech abgedrucktes Siegel, durch einige aufgetrennte Fäden eines Schiffseils befestigt, gab diesem Diplom ein gar ehrenfestes Ansehen."[19]
Über die Auftritte des Bonner Orchesters in Mergentheim war am 23. und 30. November 1791 die *Musikalische Korrespondenz der Teutschen Filharmonischen Gesellschaft* voll des Lobes: „Das Orchester war vortreflich besezt; besonders gut wurde das Piano und Forte, und das Crescendo in obacht genommen. …Eine solche genaue Beobachtung des Piano, des Forte, des Rinforzando, eine solche Schwellung, und allmählige Anwachsung des Tons, und dann wieder ein Sinkenlassen desselben, von der höchsten Stärke bis zum leisesten Laut, – – dieß hörte man ehemals nur in Mannheim. Besonders wird man nicht leicht ein Orchester finden, wo die Violinen und Bässe so durchaus gut besezt sind, als sie es hier waren. … Die Glieder dieser Kapelle befinden sich fast alle, ohne Ausnahme, noch in den besten jugendlichen Jahren, und in dem Zustand einer blühenden Gesundheit, sind wohl gebildet und gut gewachsen. … Besonders an den Kapellisten fand ich ganz aufgeklärte, gesund denkende Männer."

19 Wegeler/Ries, S. 17/18.

In den fünf Spielzeiten als Bratscher wirkte Beethoven in Bonn bei der Aufführung von etwa 50 verschiedenen Opern mit. Musikalisch spiegelten sich in Bonn damals wie im Brennglas die aktuellsten Trends der Zeit. Man spielte die neuesten Kompositionen z. B. von Haydn und Mozart. So kam beispielsweise Mozarts *Don Giovanni* schon ein Jahr nach der Prager Uraufführung mit Beethoven an der Bratsche in Bonn auf die Bühne. Seine Dienst-Bratsche ist heute ein wichtiges Ausstellungsstück im Bonner Beethoven-Haus. Der praktische Musiker, der Beethoven in Bonn viel stärker als später in Wien war, schuf das Fundament für den Komponisten Beethoven.

Die zweite Bonner Kompositionsphase 1789–1792

1789 begann für Beethoven nach einer längeren, wohl durch die schwierigen familiären Verhältnisse verursachten Schaffenspause die zweite kompositorische Bonner Kreativphase. Zunächst komponierte er 1789 Zwei *Präludien durch alle Dur-Tonarten für Klavier oder Orgel op. 39*, die er 1803 in Wien für die Drucklegung überarbeitete. Der hier angewendete Gang durch die Tonarten war und ist eine beliebte Übungsaufgabe für Pianisten und Komponisten, für die Johann Sebastian Bach mit seinem *Wohltemperierten Klavier* zeitlose Maßstäbe gesetzt hat.

In der ersten Hälfte des Jahres 1790 entstand das *Lied für Singstimme und Klavier Klage* WoO 113. Aus dem gleichen Jahr stammt auch das *Menuett für zwei Violinen, Viola und Violoncello* WoO 209, von dem Beethoven auch eine Klavierfassung erstellte. 1790/91 komponierte Beethoven außerdem das *Trio für Klavier, Violine und Violoncello* WoO 38, und eine *Sonate für Violine und Klavier* Unv 11, von der allerdings nur 37 Takte aus dem Mittelabschnitt eines langsamen Satzes und 54 Takte eines Rondos erhalten sind.

Über das 1781 erstmals dokumentierte traditionelle Schweizer Volkslied „Es hätt´ e Buur es Töchterli" schrieb Beethoven 1790–1792 *Sechs Variationen über ein Schweizer Lied für Klavier oder Harfe* WoO 64. Als Fragment mit 111 Takten im Klaviersatz überliefert, ist der wohl zwischen 1786 und 1790 skizzierte Satz einer *Sinfonie in c-Moll* Unv 1. Auch die 1810 veröffentlichten *Sechs Gesänge für Singstimme und Klavier* op. 75 enthalten eine Komposition aus der Bonner Zeit: Das sogenannte *Flohlied* (Nr. 3) aus Goethes Faust-Fragment von 1790 wurde von Beethoven noch im Jahr seiner Veröffentlichung oder bald danach vertont.

Eine ganz andere Seite von Beethovens Werk zeigt seine am 6. März 1791 an einem Karnevalssonntag im Redoutensaal des kurfürstlichen Schlosses uraufgeführte *Musik zu einem Ritterballett* WoO 1. Anlass war ein Maskenball, und Beethoven spielte bei der Uraufführung wahrscheinlich Bratsche. In diese Zeit fällt auch der Kompositionsbeginn der *Zwölf Contratänze für Orchester* WoO 14, die Beethoven 1795/1796 in Wien vollendet hat. Frühe Skizzen zeigen, dass zumindest die Tänze Nr. 8 und 12 in Bonn geschrieben wurden. Auch von den *Zwölf deutschen Tänzen* WoO 13 für Orchester wird für drei (Nr. 9, 10 und 12) Bonn als Kompositionsort angenommen.

Dass die Bonner Kompositionen Beethovens inzwischen weit über Bonn hinaus bekannt waren, zeigen beispielhaft die 1790/1791 von Beethoven komponierten *Vierundzwanzig Variationen über die Ariette „Venni Amore" von Vincenzo Righini für Klavier* WoO 65. Vincenzo Righini war 1787–1792 Hofkapellmeister in Mainz und hatte im Sommer 1788 auch die Bonner Hofkapelle besucht. In diesem Jahr waren im Mainzer Verlag Schott seine *XII Ariette Italiane* erschienen. Über die letzte der kurzen Arien mit dem Titel *Venni Amore* hatte Righini selbst auch fünf Variationen für eine Singstimme bei immer gleicher Klavierbegleitung komponiert. Beethoven benutzte das gleiche Thema für seine 24 Klavier-Variationen.

Auch Beethovens Variationen erschienen im Mainzer Schott-Verlag. Bereits im Juli 1791 wurden sie in München, Wien und Frankfurt zum Verkauf angeboten. Um dieses Werk ging es beim Besuch einiger Hofmusiker – darunter Beethoven – bei dem renommierten Pianisten, Komponisten und Kapellmeister Franz Xaver Sterkel in Aschaffenburg, als die Bonner Hofkapelle nach Mergentheim reiste. Von ihm waren bereits zahlreiche Werke erschienen, und Beethoven kannte das Œuvre sicherlich und hat wohl auch manches daraus selbst gespielt. Umgekehrt kannte Sterkel offenbar die Righini-Varationen des jungen Bonners.

Nachdem Sterkel den Bonner Gästen vorgespielt hatte,

Johann Franz Xaver Sterkel (1750–1817)
Fotografie einer Lithografie nach einer Zeichnung von Heinrich E. Winter
Beethoven-Haus Bonn, B 141/b

forderte er auch Beethoven zum Klavierspiel auf. Nikolaus Simrock erinnert sich daran, dass Sterkel den Wunsch gehabt habe „besonders seine unlängst in Maynz gestochenen Variationen über das Thema von Righini, Vieni Amore, von ihm [Beethoven] selbst spielen zu hören: daß er gestehe, sie seyen ihm zu schwer, er könne sie nicht spielen – darauf suchte Herr Sterkel in einem Pack Musik, konnte aber das Exemplar nicht finden; wir hatten nun etwas Mühe Beethoven zu bewegen, daß er solche auswendig spielen möge. Es schien uns allen, Herr Capellmeister glaubte, Beethoven habe sie zwar geschrieben, könne sie aber vielleicht selbst nicht spielen. Dies bemerkte Beethoven selbst. Nun setzte er sich und spielte sie zum Erstaunen der gegenwärtigen Bönnischen, die ihn noch nie so gehört, ganz in der Manier des H. Capellmeister mit der größten Zier und brillanten Leichtigkeit, als seyen diese schweren Variat. wirklich ebenso leicht wie eine Sterkelsche Sonate, und hängte hieran noch ein paar ganz neue! Herr Capellmeister war in seinem Lobe unerschöpflich …"[20]

Als weiteres Klavierwerk legte Beethoven in jener Zeit auch eine *Sonatine für Klavier* WoO 50 sowie die *Lieder für Singstimme und Klavier An Minna* WoO 115 und *An Laura* sowie das *Punschlied* WoO 111 und das *Trinklied beim Abschied zu singen* WoO 109 jeweils für Singstimme, einstimmigen Chor und Klavier vor. Zu nennen sind für diese Zeit auch das *Andante für Klavier* WoO 211 und ein lediglich fragmentarisch erhaltenes *Allegretto für Violine, Violoncello und Klavier* Unv 10, eine eventuelle *Kantate für vier Singstimmen und Klavier* Unv 19 sowie das Lied für Singstimme und Klavier *An Henrietten* Unv 21.

Vermutlich für seinen Bonner Musikerkollegen, den Bassisten Joseph Lux, der vor allem in komischen Rollen große Erfolge feierte, komponierte Beethoven die zwei Arien für Bass und Orchester *Prüfung des Küssens* WoO 89 und *Mit Mädeln sich vertragen* WoO 90. Die Auswahl der Texte zeigt Beethovens oft unterschätzte humoristische Seite. So lautet Goethes Vorlage aus seinem Schauspiel *Claudine von Villa Bella* „Mit Mädeln sich vertragen, / Mit Männern ‚rumgeschlagen, / Und mehr Credit als Geld; / So kommt man durch die Welt."

Ebenfalls 1791/1792 komponierte Beethoven vermutlich für seine Kollegin in der Hofkapelle, die Sopranistin Magdalena Willmann, die Szene und Arie für Sopran und Orchester *Primo amore, piacer del ciel* WoO 92. Er nutzte 1792 auch

20 zit. nach TDR Bd. 1, S. 267, Anm. 3.

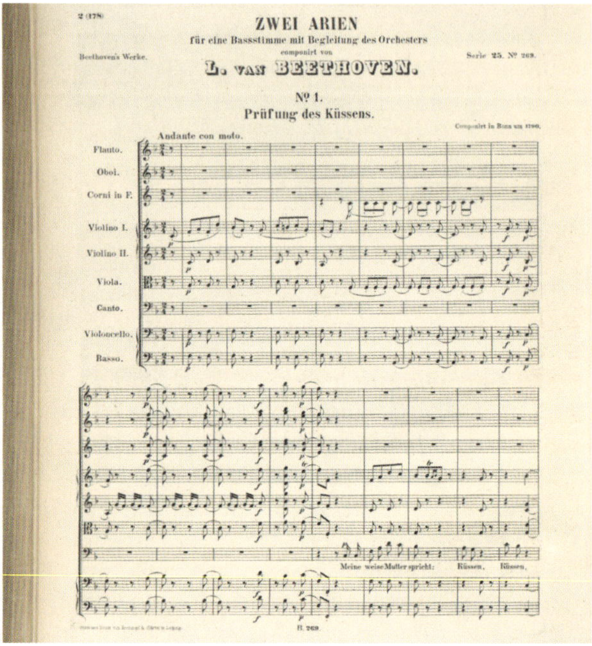

Ludwig van Beethoven, „Prüfung des Küssens", Arie für Bass und Orchester WoO 89, „Mit Mädeln sich vertragen", Arie für Bass und Orchester WoO 90, Partitur, Breitkopf und Härtel, 269

„Prüfung des Küssens", WoO 89 & „Mit Mädeln sich vertragen", WoO 90, score

Beethoven-Haus Bonn, C 250 / Nottebohm

die Popularität der Oper *Das rote Käppchen* von Karl Ditters von Dittersdorf und entnahm daraus das Thema für seine *Dreizehn Variationen über die Ariette „Es war einmal ein alter Mann"* für Klavier WoO 66. Die Komposition wurde kurz nach seiner Abreise schon 1793 als erste Beethoven-Komposition im neuen Bonner Verlag von Nikolaus Simrock veröffentlicht. Erst 1804 wurden in Leipzig als op. 44 Beethovens *Vierzehn Variationen über „Ja, ich muss mich von ihr scheiden"* für Klavier, Violine und Violoncello veröffentlicht, für die Beethoven 1792 eine weitere Arie aus der Dittersdorf-Oper heranzog. Auch das zwischen 1790 und 1792 in Bonn komponierte *Rondo für Klavier und Violine* WoO 41 wurde erst 1808 vom Simrock-Verlag veröffentlicht.

Mindestens drei der 1805 veröffentlichten *Acht Lieder verschiedener Verfasser für Singstimme und Klavier* op. 52 wurden von Beethoven ebenfalls in Bonn komponiert: *Urians Reise um die Welt* (Nr. 1) – mit den bis heute sprichwörtlichen Anfangszeilen „Wenn jemand eine Reise tut" –, die *Feuerfarb* (Nr. 2) und *Die Liebe* (Nr. 6). Vermutlich 1792 entstanden auch die *Sechs Menuette für zwei Violinen und Bass* WoO 9, die eventuell auch als Orchesterwerk gedacht waren. Vor Beethovens Abreise aus Bonn ist auch ein *Konzert für Oboe und Orchester* WoO 206 entstanden, von dem allerdings nur Skizzen zum 2. Satz erhalten sind.

Schon 1786 hatte Beethoven in Bonn mit den Arbeiten an einem anderen Werk begonnen, das in seiner Entstehung immer wieder fälschlicherweise der Wiener Zeit zugeordnet wird: Das *Konzert für Klavier und Orchester Nr. 2 in B-Dur* op. 19. Diese heute als zweites Beethoven-Klavierkonzert geführte Komposition ist entstehungsgeschichtlich das erste seiner vollständig überlieferten fünf Klavierkonzerte. Tatsächlich waren wesentliche Teile des Konzerts bereits bis 1792 in Bonn fertiggestellt.

In Bonn komponierte Beethoven 1792 auch das *Oktett für zwei Oboen, zwei Klarinetten, zwei Hörner und zwei Fagotte* op. 103. In der gleichen Besetzung wie das Oktett folgte nur noch ein auf 1793 datiertes, vermutlich aber ebenfalls schon in Bonn zumindest begonnenes *Rondo für zwei Oboen, zwei Klarinetten, zwei Hörner und zwei Fagotte* WoO 25. Für eine solche damals als „Harmoniemusik" bezeichnete Bläserbesetzung entstand ebenfalls in Bonn das *Quintett für Oboe, drei Hörner und Fagott* WoO 208. Erhalten sind hier der vollständige 2. Satz sowie der 1. und 3. Satz unvollständig. Ob es einen 4. Satz gegeben hat, ist unklar.

1790 begonnen und 1792 abgeschlossen hat Beethoven

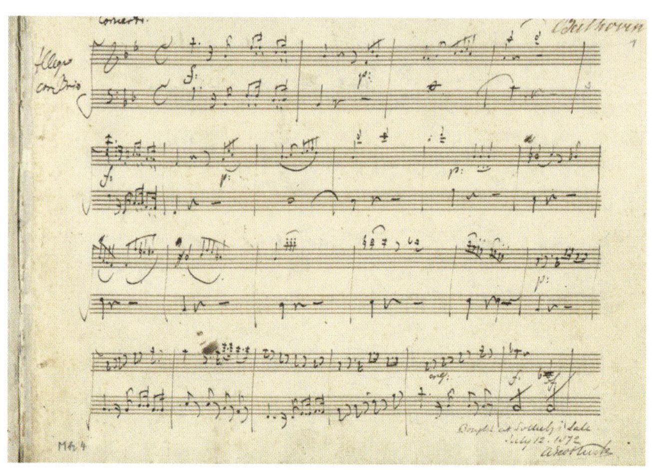

Ludwig van Beethoven, Konzert für Klavier und Orchester Nr. 2 (B-Dur) op. 19, Solostimme, Autograf
Piano Concerto No. 2 in B-flat major, Op. 19, solo part
Beethoven-Haus Bonn, Sammlung H. C. Bodmer, HCB Mh 4

den *Konzertsatz für Violine und Orchester* WoO 5. Allerdings ist hier nur ein Fragment mit 259 Takten eines Kopfsatzes erhalten. Fertiggestellt hat er hingegen 1790–1792 *Acht Variationen über ein Thema des Grafen von Waldstein für Klavier zu vier Händen* WoO 67, das bereits 1794 im Simrock-Verlag gedruckt wurde. Es ist eine von nur fünf Kompositionen, die Beethoven für Klavier zu vier Händen geschrieben hat.

Aus dem Jahr 1792 stammt auch ein *Duo für Violine und Violoncello* Unv 8, von dem allerdings nur die Exposition des Sonatensatzes erhalten ist. Spätestens aus dem gleichen Jahr stammen die als Fragment erhaltenen *Lamentationes Jeremiae für Singstimme(n) und Klavier* Unv 20, die Beethoven für die Karwoche 1790, 1791 oder 1792 geschrieben hat.

Erst im August 1792 entstand das *Duo für zwei Flöten* WoO 26, das Beethoven zum Abschied nach Wien seinem

Freund Johann Martin Degenhardt gewidmet hat. Noch 1792 in Bonn begonnen und dann ein Jahr später in Wien abgeschlossen hat Beethoven das Lied *Selbstgespräch für Singstimme und Klavier* WoO 114. Ebenfalls in Bonn begonnen hat er das Lied *„Der freie Mann" für Singstimme, einstimmigen Chor und Klavier* WoO 117, mit dem sich Beethoven zum Freiheitsideal der Aufklärung bekannte.

Zwischen Sommer 1792 und Frühjahr 1793 komponierte Beethoven schließlich ein Werk, das er Eleonore von Breuning widmete, nämlich die *Zwölf Variationen über „Se vuol ballare"* aus Wolfgang Amadeus *Mozarts Oper „Le nozze di Figaro" für Klavier und Violine* WoO 40. Sie erschienen im Juli 1793 in Wien. Dass sich Beethoven für ein Thema aus der populären Mozart-Oper entschied, ist wenig überraschend: In der Spielzeit Oktober 1789 bis Februar 1790 hatten am kurfürstlichen Theater in Bonn wahrscheinlich unter Beethovens Mitwirkung an der Bratsche vier Aufführungen der Mozart-Oper stattgefunden.

Zu den wichtigsten Bonner Beethoven-Kompositionen gehören die *Kantate auf den Tod Kaiser Josephs II.* WoO 87 und die *Kantate auf die Erhebung Leopolds II. zur Kaiserwürde* WoO 88 jeweils für Solostimmen, gemischten Chor und Orchester. Sie entstanden als Auftragswerke für die Lesegesellschaft in Würdigung der Brüder von Kurfürst Max Franz 1790, wurden aber wohl wegen ihres Schwierigkeitsgrades in Bonn nicht aufgeführt.

Beide Partituren waren lange verschollen und tauchten erst 1884 in einem Leipziger Antiquariat auf. Johannes Brahms, dem sie zur Begutachtung vorgelegt wurden, schrieb dazu damals: „Wäre nicht das historische Datum (Februar 1790), so würde man jedenfalls auf eine spätere Zeit raten ... Stände aber kein Name auf dem Titel, man könnte auf keinen andern raten – es ist alles und durchaus Beethoven!"[21]

Die zweite Phase des Bonner Schaffens von Beethoven ist

21 Eduard Hanslick, Am Ende des Jahrhunderts [1895–1899] (Der „Modernen Oper" VIII. Teil) Musikalische Kritiken und Schilderungen, (2. Auflage), Berlin 1899, S. 379 f.

charakterisiert durch eine Ausweitung der Besetzungs- und Formenvielfalt. Zu den neun Klavierstücken – davon zwei Klavierkonzerte und eines zu vier Händen – kamen zwei Kammermusikstücke mit Klavier sowie drei ohne Klavier. Fünfmal wählte Beethoven in den letzten Bonner Jahren die Form der Variationen, meist über Arien bzw. Lieder. Dazu kamen elf Lieder mit Klavier- und zwei mit Orchesterbegleitung.
Vor allem fallen in Beethovens zweite Bonner Schaffensphase neun Kompositionen für Orchester auf: eine nur fragmentarisch erhaltene Sinfonie, zwei Klavierkonzerte, ein unvollständiges Violinkonzert, drei Lieder mit Orchesterbegleitung und insbesondere die beiden Kantaten, die neben dem 2. Klavierkonzert als Höhepunkt des Bonner Schaffens von Beethoven gelten können. Beethoven hatte seinen Weg von der Fokussierung auf das Klavier in die Formen- und Besetzungsvielfalt gefunden.
Im Übrigen ist naheliegend, dass Beethoven zahlreiche Kompositionsideen und Skizzen aus Bonn nach Wien mitnahm. Dies gilt umso mehr, als sich dann für die nächsten 96 Monate bis 1802 die ungewöhnliche Fülle von über 90 Kompositionen für vielerlei Besetzungen nachweisen lässt. Es ist unwahrscheinlich, dass dies in Wien neben seiner umfangreichen pianistischen Tätigkeit ohne Bonner Vorarbeiten möglich war.

Bonner Wurzeln der Ode an die Freude

Auch eines der bekanntesten Werke von Beethoven, die Vertonung von Schillers Gedicht *An die Freude* im 4. Satz der *Sinfonie Nr. 9* op. 125, hat Bonner Wurzeln. Am 26. Januar 1793 – wenige Wochen nach Beethovens Abreise nach Wien – schrieb Beethovens Bonner Freund Bartholomäus Fischenich unter Bezug auf den jungen Komponisten an Friedrich Schillers Frau Charlotte: „Ich lege Ihnen eine Composition der Feuerfarbe[22] bei und wünschte Ihr Urtheil darüber zu vernehmen. Sie ist von einem hiesigen jungen Mann, dessen musikalische Talente allgemein gerühmt werden, und den nun der Churfürst nach Wien zu Haydn geschickt hat. Er wird auch Schillers Freude und zwar jede Strophe bearbeiten. Ich erwarte etwas vollkommenes, denn soviel ich ihn kenne, ist er ganz für das Große und Erhabene."[23] Am 11. Februar 1793 antwortete Charlotte Schiller: „Die Komposition der Feuerfarbe ist sehr gut; ich verspreche mir viel von dem Künstler, und freue mich, daß er die Freude komponirt."[24]
Bartolomäus Fischenich, fast gleichaltrig mit Beethoven, war Sohn des Küsters der Remigiuskirche. 1791/92 war er zur Vervollständigung seiner juristischen Studien in Jena, wo er Freundschaft mit Friedrich Schiller und dessen Frau Charlotte geschlossen hatte. Dort traf er auch auf die Autorin des Gedichts *Feuerfarb*, Sophie Schubart, zu deren Förderern Friedrich Schiller gehörte. Vermutlich hat Fischenich ihr 1792 verfasstes Gedicht aus Jena nach Bonn mitgebracht und Beethoven zur Vetonung angeregt. Schillers Gedicht *An die Freude* hat Beethoven sehr wahrscheinlich schon we-

22 Gemeint ist das Lied Feuerfarb für Singstimme und Klavier op. 52 Nr. 2.

23 Zit. nach TDR, Bd. 1, S. 303.

24 Zit. nach Johann Heinrich Hennes, Andenken an den Bartholomäus Fischenich, Stuttgart und Tübingen 1841, S. 23.

sentlich früher kennengelernt, wohl aber erst 1790 durch dessen Veröffentlichung oder durch Fischenichs Rückkehr aus Jena den Namen des Autors erfahren.

Friedrich Schiller hatte sein Gedicht bereits im Sommer 1785 als poetische Freundschaftserklärung an den Schriftsteller und Komponisten Christian Gottfried Körner gerichtet, der den Text sogleich vertonte. Beides wurde im zweiten Heft der von Schiller gegründeten *Thalia* im Februar 1786 gedruckt, allerdings ohne Angabe des Autors. Als dem Heft vorgebundenes Blatt wurde der Text zugleich als Lied mit Klavierbegleitung für eine Stimme und dreistimmigen Chor in C-Dur veröffentlicht – gekennzeichnet nur mit „K" für Körner.

Eine der Abschriften des Gedichtes war auch ins Rheinland gelangt und wurde am 17. August 1787 in der Neuwieder *Freymaurer-Zeitung* abgedruckt. Drei Monate später folgte dann auch – ohne Nennung des Komponisten – eine Abschrift der Körner-Vertonung. Als Textdichter und Komponist wurde stattdessen fälschlicherweise der Schriftsteller und Komponist Christian Friedrich Daniel Schubart genannt, der wegen seiner scharfen Kritik an Aristokratie und Geistlichkeit damals sehr bekannt und auch inhaftiert war. Schubart galt auch als einer der besten Pianisten seiner Zeit.

Dass Beethoven die Schubart zugeschriebene Schiller-Vertonung kannte, ist naheliegend: Einer der Verleger der *Freymaurer-Zeitung* war Mitglied der Neuwieder Freimaurerloge „Caroline zu den drei Pfauen", der auch Beethovens Lehrer Christian Gottlob Neefe angehörte, ein anderer verlegte und vertrieb Neefes populäre Vertonungen der Oden des Dichters Friedrich Gottlieb Klopstock. Angesichts dieser engen Verknüpfungen ist es wahrscheinlich, dass Beethoven Schillers *An die Freude* auch in Musik gesetzt 1787 über Neefe kennenlernte, allerdings ohne das Gedicht Schiller und die Komposition Körner zuordnen zu können.

Das Schiller-Gedicht wurde damals von den unterschiedlichsten Komponisten vertont, aber erst 1790 erschien in einem Hamburger Druck dazu auch der Name des Autors. Entweder dadurch oder wahrscheinlich von Fischenich dürfte

Beethoven erfahren haben, von wem *An die Freude* tatsächlich stammte. Seine Bewunderung für Schiller hat Beethovens Absicht, das Gedicht zu vertonen, wie Fischenich Charlotte Schiller mitteilte, sicherlich neuen Schwung verliehen. Es bleibt allerdings unklar, wann genau er seine Absicht tatsächlich umsetzte. Eine eigene Beethovensche Liedfassung der *Ode an die Freude* hat es aber wohl spätestens um 1799 gegeben. Diesen Schluss lässt ein Brief zu, den Ferdinand Ries am 13. September 1803 an Nikolaus Simrock geschrieben hat. Darin heißt es: „Auch können Sie jetzt 8 Lieder von Beethoven und ein Präludium, die er seinem jüngsten Bruder für

Abdruck in der Freymaurer-Zeitung. In der letzten Ausgabe der Freymaurer-Zeitung vom 15. Oktober 1787 folgt dann die vermeintliche Auflösung: „Hier ist auch die versprochene Musik zum Lied an die Freude: die Teutschen verdanken Text und Composition dem Verfasser der teutschen Chronik, dem braven Schubart."

Reprint in the Freymaurer-Zeitung. Its final issue (15 October 1787) purports to offer the solution, citing Friedrich Daniel Schubart as the author of lyrics and composition.

Stadtarchiv Neuwied, Signatur: 630,507 Zeitungen, Nr. 1
Neuwieder Freimaurerzeitung

einige erwiesene Gefälligkeiten schenkte, kaufen. Er fordert 200 Thlr., der Text ist folgender: Nr. 1. Feuerfarb 2. Die Ruhe 3. Maigesang. 4. Der freie Mann 5. Von der Liebe 6. Marmotte 7. An die Freude 8. Das Blümchen Wunderhold. Er machte sie vor 4 Jahren. Ich wünschte bald hierüber Antwort zu haben."[25]
Mindestens drei Lieder *(Feuerfarb, Die Liebe, Der freie Mann)* können, wie oben gezeigt, in ihrer Entstehung der Bonner Zeit zugeordnet werden. Es ist nicht ausgeschlossen, dass Beethoven auch die von Fischenich gegenüber Charlotte Schiller angekündigte Komposition bereits in Bonn begonnen hat. Sechs der genannten Lieder erschienen dann 1805 in *Acht Lieder verschiedener Verfasser für Singstimme und Klavier* op. 52. Ausgerechnet die Vertonung von *An die Freude* ist aber verschollen.

Während Beethovens Begegnung mit Schillers Gedicht und dessen frühen Vertonungen eindeutig für die Bonner Zeit nachweisbar ist, ist angesichts der Quellenlage nicht zu klären, ob auch die Melodie der *Ode an die Freude* in der 9. Symphonie Bonner Ursprünge hat. Diese Frage liegt nicht nur wegen der unbekannten Melodie der verschollenen Liedvertonung nahe. Es gibt noch einen weiteren Hinweis auf einen möglichen Bonner Ursprung.

Beethovens Melodie aus der 9. Symphonie findet sich nämlich nahezu unverändert bereits als bestimmendes Motiv in der 1808 uraufgeführten *Fantasie für Klavier, Chor und Orchester* op. 80. Diese sog. „Chorphantasie" übernimmt ihrerseits unverändert die Melodie aus Beethovens *Lied für Singstimme und Klavier Gegenliebe* WoO 118, dessen Entstehungszeit 1794/95 verortet wird, aber durchaus Bonner Ursprünge haben könnte. Der Text dieses Liedes stammt von Gottfried August Bürger und die Gedichte Bürgers waren Beethoven nämlich in seiner Bonner Zeit bekannt und auch schon von seinem Lehrer Neefe vertont worden. Nicht auszuschließen ist deshalb, dass die Melodie zur *Gegenlie-*

25 Zit. nach Erich Hermann Müller, Beethoven und Simrock, in: N. Simrock G.M.B.H., Jahrbuch II (hrsg. von Erich Müller), Berlin 1929, S. 26.

be zu dem Material gehörte, das Beethoven von Bonn nach Wien mitbrachte und erst dort veröffentlichte.
Eine besondere Rolle spielte Beethovens Geburtsstadt übrigens auch bei der Entstehung der 9. Symphonie, denn der Bonner Ferdinand Ries hatte den Kompositionsauftrag vermittelt. Der Schüler Beethovens war durch die Vermittlung des Bonners Johann Peter Salomon in London zu einem der Direktoren der *Philharmonic Society* gewählt worden, die 1817 Beethoven den Auftrag zur 9. Sinfonie gab.

Ferdinand Ries (1784-1838)
Lithografie von Leo Lehmann nach einer eigenen Zeichnung
Beethoven-Haus Bonn, B 121

Haydn in Bonn und Beethovens Abschied aus Bonn

Johann Peter Salomon spielte auch eine wichtige Rolle bei der zweiten Wienreise Beethovens, die sein Abschied aus Bonn werden sollte. Als im September 1790 Joseph Haydns Dienstherr, Fürst Nikolaus I. Esterházy, dem er über 25 Jahre als Kapellmeister gedient hatte, verstorben war, überzeugte der ehemalige Bonner Hofmusiker, Johann Peter Salomon, der als Musikimpresario in London wirkte, den fast 60-jährigen Komponisten davon, eine Konzertreise nach London anzutreten. Dafür legte Salomon die Reiseroute über seine Heimatstadt Bonn fest, in der er noch viele Kontakte und auch familiäre Bande hatte.

Haydn verließ am 15. Dezember 1790 Wien und reiste dann mit Salomon über München nach Bonn, wo er am ersten Weihnachtsfeiertag eintraf. Er besuchte in der Schlosskapelle ein Hochamt, in dem die Hofkapelle Haydns Musik spielte. Der Kurfürst stellte ihm danach in der Sakristei die Musiker der Hofkapelle vor – darunter wohl auch Beethoven – und einige von ihnen lud „Papa Haydn", wie er damals allgemein genannt wurde, zum Abendessen ein.

Auch bei der Rückreise von London nach Wien im Sommer 1792 veranlasste Salomon, dass Haydn in Bonn Station machte. Dieser Besuch fand in der dritten Juli-Woche 1792 statt.

In Abwesenheit des Kurfürsten luden die Musiker des Orchesters – vielleicht als Gegeneinladung zum Abendessen 18 Monate zuvor – den Meister zum Frühstück vermutlich in die neue Redoute in Godesberg ein. Den kleinen Ort mit etwa 350 Einwohnern hatte man erst 1790 wegen der besonderen Qualität der dortigen Mineralquelle aufzuwerten begonnen. Franz Gerhard Wegeler erinnerte sich später: „Als Haydn zuerst aus England zurückkam, ward ihm vom

Joseph Haydn (1732–1809)
Stich von Francesco Bartolozzi nach einer Miniatur von A. M. Ott
Beethoven-Haus Bonn, B 2172

Kurfürstlichen Orchester ein Frühstück in Godesberg, einem Lustorte nahe bei Bonn, gegeben. Bei dieser Veranlassung legte ihm Beethoven eine Cantate vor, welche von Haydn besonders beachtet und ihr Verfasser zu fortdauerndem Studium aufgemuntert wurde."[26]

26 Wegeler/Ries, S. 15f.

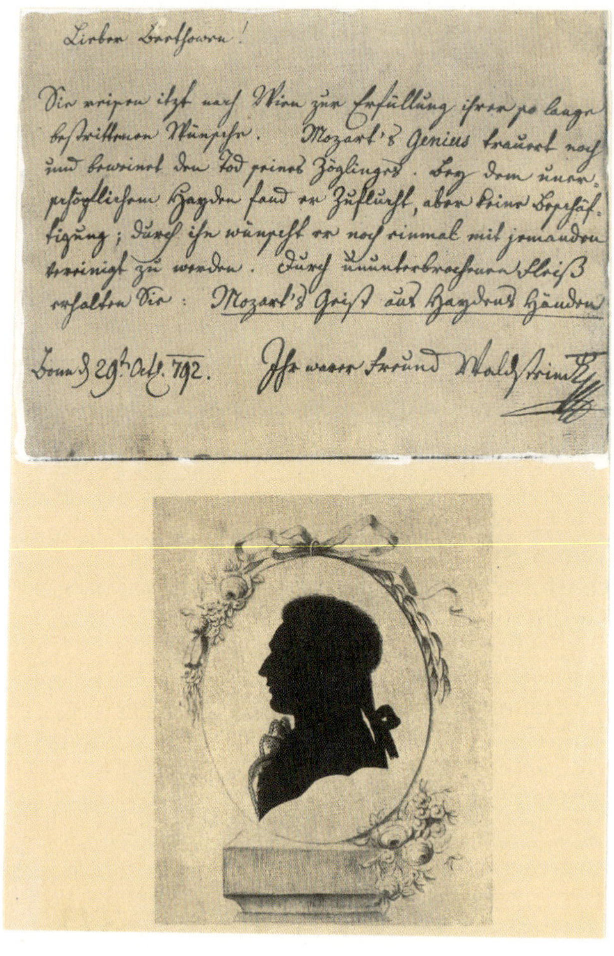

Lieber Beethoven!

Sie reisen itzt nach Wien zur Erfüllung ihrer so lange bestrittenen Wünsche. Mozart's Genius trauert noch und beweinet den Tod seines Zöglinges. Bey dem unerschöpflichen Hayden fand er Zuflucht, aber keine Beschäftigung; durch ihn wünscht er noch einmal mit jemanden vereinigt zu werden. Durch ununterbrochenen Fleiß erhalten Sie: Mozart's Geist aus Haydens Händen.

Bonn d 29t. Oct. 792. Ihr wahrer Freund Waldstein

Ferdinand Ernst Graf von Waldstein (1762–1823)
Count Ferdinand Ernst Gabriel von Waldstein
Reproduktion einer anonymen Silhouette aus Beethovens Stammbuch, vielleicht von Joseph Neesen stammend
Beethoven-Haus Bonn, B 130/b

Bei dem Treffen wurde offenbar Beethovens Unterricht bei Haydn in Wien verabredet. Ein berühmter Reisewunsch, den Graf Waldstein drei Tage vor dessen Abreise aus Bonn in Beethovens Stammbuch eintrug, beschrieb die damit verbundene Erwartungshaltung: „Lieber Beethowen! Sie reisen itzt nach Wien zur Erfüllung Ihrer so lange bestrittenen Wünsche. Mozart's Genius trauert noch und beweinet den Tod seines Zöglinges. Bey dem unerschöpflichem Hayden fand er Zuflucht, aber keine Beschäftigung; durch ihn wünscht er noch einmal mit jemanden vereinigt zu werden. Durch ununterbrochenen Fleiß erhalten Sie: Mozart's Geist aus Haydens Händen."[27]
Meist wird der Eintrag auf die Formel „Mozart's Geist aus Haydens Händen" verkürzt und damit irreführend wiedergegeben. Tatsächlich zeigt der Eintrag, dass Waldstein Haydn nicht auf einer Ebene mit Mozart und Beethoven sah: Bei Haydn habe Mozarts Genius eben nur „Zuflucht, aber keine Beschäftigung" gefunden, nur mit Beethoven konnte er „vereinigt" werden. Vor allem aber wird durch Waldsteins Diktum deutlich, dass Beethovens außergewöhnliche Begabung schon in Bonn in einer Reihe mit den größten Komponisten der Zeit gesehen wurde.
Max Franz zahlte, wie beim ersten Wien-Aufenthalt 1787, auch nach der Abreise 1792 Beethovens Gehalt weiter, denn er rechnete mit dessen Rückkehr nach Bonn. Auch Beethoven selbst hatte dies vor, denn sein berufliches Ziel war die Stellung des Bonner Hofkapellmeisters, wie sie auch der von ihm verehrte Großvater innegehabt hatte.
In einem Brief an den Kurfürst vom 23. November 1793 beschwerte sich Haydn allerdings über die zu geringe finanzielle Unterstützung für seinen Schüler und forderte mit Verweis auf angeblich in Wien angefertigte Kompositionen Beethovens deren Erhöhung. Max Franz wies dies verärgert zurück, denn die vermeintlich in Wien entstandenen Stücke

27 Die Stammbücher Beethovens und der Babette Koch (in Faksimile mit Einleitung und Erläuterungen herausgegeben von Max Braubach), Zweite, um eine Textübertragung erweiterte Auflage, Bonn 1995, S. 19.

habe Beethoven schon in Bonn komponiert. Offenbar sei der Unterricht also nicht sonderlich effektiv. Tatsächlich sind Haydn und Beethoven auch nicht gut miteinander zurechtgekommen.

Die letzte Bonner Gehaltszahlung an Beethoven datiert vom März 1794. Es folgte die zunehmende politische Unsicherheit in Bonn, das schließlich im Oktober 1794 von den Franzosen besetzt wurde. Der Kurfürst musste fliehen, und die Hofkapelle war aufgelöst. Beethoven hatte sozusagen seine Planstelle verloren, ihm war die Rückkehr nach Bonn verbaut.

Max Franz behielt seinen Hofmusiker aber auch auf seiner Flucht vor den Franzosen im Exil im Auge. So erhielt er im Frühjahr 1796 Berichte über Beethovens Erfolge in Dresden. 1798 verfasste Max Franz – offensichtlich in der Absicht, bei einer Wiedereinrichtung des Kurfürstentums als Kurfürst künftig in Münster zu residieren – einen „Münsterischen Hofstaatsentwurf". In dieser Liste sind auch alle bisherigen Bonner Hofmusiker mit ihrem jeweiligen Status aufgeführt. Zu Beethoven, der in dem Text dreimal namentlich genannt wird, heißt es: „Beethoven – bleibt ohne Gehalt in Wien bis er einberufen wird."[28]

Aber auch Beethoven hatte seinen Bonner Gönner Max Franz nicht vergessen. Er wollte dem Kurfürsten 1801 seine am 2. April 1800 uraufgeführte Erste Symphonie widmen. Der Tod von Max Franz am 27. Juli 1801 verhinderte die Umsetzung dieses Vorhabens.

28 Zit. nach TDR, Bd. 1, S. 343.

„Beethoven Bonnensis"

Ausgerechnet dem der Aufklärung verpflichteten und von der Französischen Revolution faszinierten Ludwig van Beethoven hatten die französischen Revolutionstruppen durch die Besetzung Bonns die Rückkehr in seine Heimat verbaut und eine neue Lebensplanung aufgezwungen. Er war als anerkannter Klavier-Virtuose und erfahrener Orchestermusiker in einem der besten deutschen Orchester sowie mit beachtlicher Kompositionserfahrung nach Wien gekommen und wollte mit der dort gesammelten Erfahrung dem Großvater nacheifern und Bonner Hofkapellmeister werden.

Nicht durch freie Entscheidung, sondern durch die Zeitläufte dazu gezwungen, wurde Beethoven der erste wichtige freiberufliche Komponist und übrigens dadurch auch Vorkämpfer für das Urheberrecht und gegen Raubdrucke.

Heimisch geworden ist er in Wien nicht. Schon der heimatliche Dialekt, den Beethoven zeitlebens sprach, stand ihm in der Kaiserstadt im Weg. „Dich versteh' ich, Du sprichst Bönnisch"[29] – so begrüßte er 1812 den zwanzig Jahre jüngeren Peter Joseph Lenné aus Bonn, als ihm der Sohn des gleichnamigen kurfürstlichen Hofgärtners und später berühmte General-Gartendirektor der königlich-preußischen Gärten Briefe aus der Heimatstadt überbrachte.

Immer wieder trifft man in Beethovens Briefen auf Passagen, in denen seine Sehnsucht nach der Heimat zum Ausdruck kommt, so etwa am 29. Juni 1801 an seinen Freund Franz Gerhard von Wegeler: „Mein Vaterland, die schöne Gegend, in der ich das Licht der Welt erblickte, ist mir noch immer so schön und deutlich vor meinen Augen, als da ich Euch verließ. Kurz ich werde diese Zeit als eine der glücklichsten Begebenheiten meines Lebens betrachten, wo ich euch wiedersehen und den Vater Rhein begrüßen kann." Im gleichen Brief fragte er Wegeler ausdrücklich nach „dem Portrait mei-

29 Zit. nach TDR, Bd. 3, S. 350.

Peter Joseph Lenné
Fotografie eines wohl von Karl Begas d. Ä. stammenden Ölgemäldes
Beethoven-Haus Bonn, NE 81, Band IV, Nr. 608

nes Großvaters, welches ich Dich bitte mir sobald als möglich mit dem Postwagen zu schicken". Dieses Bild des Großvaters hatte in Beethovens fast 70 verschiedenen Wiener Wohnungen immer einen prominenten Platz.
Als sich abzeichnete, dass er nicht nach Bonn zurückkehren konnte, holte Beethoven seine beiden jüngeren Brüder nach Wien. Fast zeitgleich kamen auch Franz Gerhard Wegeler

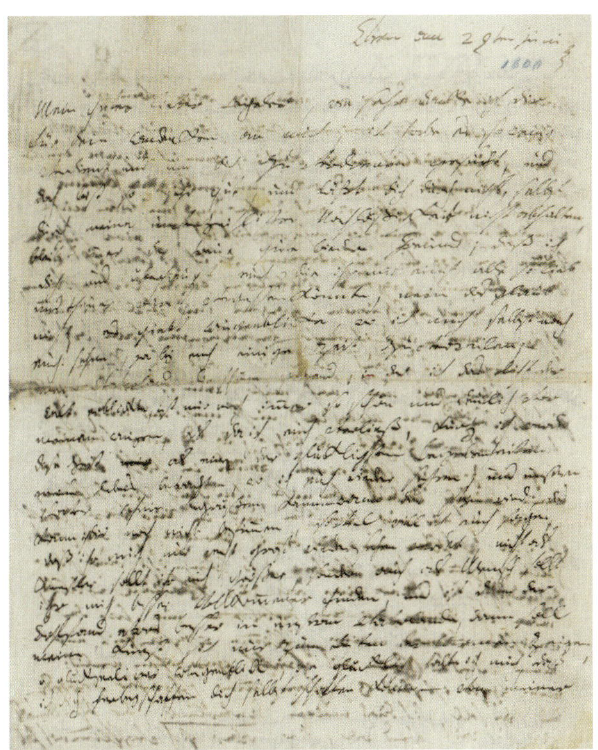

Ludwig van Beethoven, Brief an Franz Gerhard Wegeler in Bonn, Wien, 29. Juni 1801, Autograf
Ludwig van Beethoven's letter to Franz Gerhard Wegeler in Bonn, Vienna, June 29, 1801
Beethoven-Haus Bonn, Sammlung Wegeler, W 17

und die Breuning-Brüder für zwei Jahre in die Kaiserstadt. Stephan von Breuning erhielt 1803 eine Anstellung beim Kriegsministerium und kam so nach Wien zurück, wo er zeitlebens einer der engsten Beethoven-Freunde blieb. Der Komponist widmete ihm sein *Violinkonzert* op. 61, übertrug ihm die Vormundschaft über seinen geliebten Neffen Karl und setzte ihn zum Nachlassverwalter ein.

In Wien blieb Ludwig van Beethoven auch in besonderer Weise der Bonner Familie Ries verbunden. Franz-Anton Ries hatte sich in Bonn nach Ludwigs Abreise um dessen jüngere Brüder gekümmert. Dessen Sohn Ferdinand wurde dann in Wien sein Schüler und zeitweiliger Assistent. Mit dem selbst sehr erfolgreichen Pianisten und Komponisten blieb Beethoven zeitlebens in engem Kontakt, auch als dieser sich 1824 wieder in Bonn ansiedelte.

Einen weiteren engen Kontakt in die alte Heimat hielt Beethoven mit seinem ehemaligen Musikerkollegen Nikolaus Simrock, der als Verleger zwischen 1793 und 1820 insgesamt 14 Erstausgaben Beethovenscher Werke herausgab. Nikolaus Simrock hat Beethoven in Wien nie besucht, aber die Freundschaft mit Beethoven konnte von seinem 1792 geborenen Sohn Peter Joseph Simrock fortgesetzt werden. Nach dessen Besuch in Wien schrieb ihm Beethoven am 15. Februar 1817: „leben sie wohl mein liebes Simmröckchen u. beym verlegen werden sie nie verlegen."

Ein besonderes Band in seine rheinische Heimat ergab sich für Beethoven durch seine Bekanntschaft mit Willibrord Joseph Mähler. Der 1778 geborene Maler – im Hauptberuf war er Beamter in der geheimen Kabinettskanzlei in Wien – kam aus Ehrenbreitstein, der Heimat von Beethovens Mutter. Er schuf 1804, 1815 und 1818/1820 drei der wichtigsten Gemälde von Beethoven.

Beethoven selbst bekannte sich immer wieder als Bonner. Es mag noch mit seiner erst wenige Wochen zurückliegenden Ankunft in Wien zu erklären sein, dass er am 22. Mai 1793 seinen Eintrag ins Stammbuch für Theodora Johanna Vocke mit „Ludwig van Beethoven aus Bonn im Kölnischen"[30] unterzeichnete. Aber auch wesentlich später – 1813, 1821 und 1823 – hat er drei ganz verschiedene Briefe in Wien ausdrücklich mit „Beethoven Bonnensis" gezeichnet. Als er dem preußischen König Friedrich Wilhelm III. Ende September

30 Zit. nach Joseph Schmidt-Görg, Ein Schiller-Zitat Beethovens in neuer Sicht, in: Martin Bente (Hrsg), Musik, Edition, Interpretation - Gedenkschrift für Günther Henle, München 1980, S. S. 423.

1826 schrieb, um sich für die Erlaubnis zu bedanken, ihm die 9. Sinfonie zu widmen, beschrieb sich Beethoven noch wenige Monate vor seinem Tod in dem Brief als „Bürger von Bonn".

Ludwig van Beethoven, 1815
Ölgemälde von Willibrord Joseph Mähler
Beethoven-Haus Bonn, B 2388

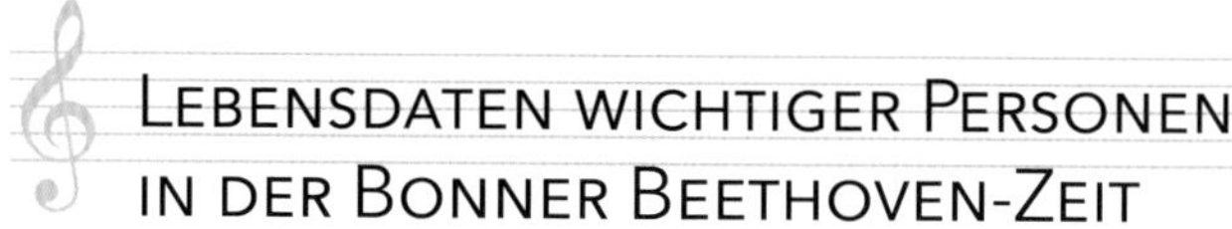

Lebensdaten wichtiger Personen in der Bonner Beethoven-Zeit

I. In Bonn residierende Kölner Kurfürsten

Clemens August von Bayern (1700–1761) regierte als Kölner Kurfürst in Bonn 1723–1761

Maximilian Friedrich von Königsegg-Rothenfels (1708–1784) regierte als Kölner Kurfürst in Bonn 1761–1784

Max Franz von Österreich (1756–1801) regierte als Kölner Kurfürst in Bonn 1784–1794

II. Bonner Musiker und Musikfreunde

Eeden, Gilles van den (um 1708–1782): ab 1723 zweiter, dann bis 1782 erster Hoforganist

Grau, Eva Franziska, verh. Eichhoff (1751–1822): als Sopranistin 1778–1784 Mitglied der Bonner Hofkapelle

Luchesi, Andrea Luca (1741–1801): 1773–1794 Bonner Hofkapellmeister

Lux, Joseph (1757–1818): als Bassbuffo 1789–1794 und als Bratschist 1792–1794 Mitglied der Bonner Hofkapelle

Mäurer, Bernhard Joseph (1757–1841): als Cellist 1778–1780 Mitglied der Bonner Hofkapelle

Neefe, Christian Gottlob (1748–1798): 1782–1794 Bonner Hoforganist

Pfeifer, Tobias Friedrich (um 1750–nach 1803): 1775/1780 Musiklehrer von Ludwig van Beethoven

Reicha, Joseph (1752–1795): 1785–1794 Konzertmeister in der Bonner Hofkapelle, Onkel von

Reicha, Anton (1770–1836): als Flötist und Geiger 1785–1794 Mitglied der Bonner Hofkapelle

Ries, Johann (1723–1784): als Trompeter und Geiger 1754–1784 Mitglied der Bonner Hofkapelle, Vater von

Ries, Anna Maria, verh. Drewer (1745–1794): als Sopranistin 1764–1794 Mitglied der Bonner Hofkapelle

Ries, Franz Anton (1755–1846): als Geiger 1779–1794 Mitglied der Bonner Hofkapelle, Vater von

Ries, Ferdinand (1784–1838): Pianist und Komponist, 1803–1805 und 1808–1810 in Wien Schüler und Assistent von Ludwig van Beethoven

Ries, Hubert (1802–1886): Geiger und später Konzertmeister in Berlin

Ries, Pieter Joseph (1791–1882): Kaufmann in Wien

Ries, Joseph Franz (1792–1862): ab 1819 Klavierbauer in Wien

Romberg, Andreas (1767–1821): als Geiger 1790–1793 Mitglied der Bonner Hofkapelle

Romberg, Bernhard (1767–1841): als Cellist 1790–1794 Mitglied der Bonner Hofkapelle

Rovantini, Johann Konrad (?–1766): ab 1765 Hofmusiker in Bonn, verheiratet mit Anna Margaretha Rovantini geb. Daubach (um 1730–1772), einer Cousine der Mutter Beethovens, Vater von

Rovantini, Franz Georg (1757–1781): als Geiger und Bratschist 1771–1773 und 1778–1781 Mitglied der Bonner Hofkapelle, Musiklehrer von Ludwig van Beethoven

Salomon, Philipp (ca. 1720–1780): als Oboist und Geiger 1764–1780 Mitglied der Bonner Hofkapelle, Vater von

Salomon, Johann Peter (1745–1815): als Geiger 1758–1764 Mitglied der Bonner Hofkapelle, ab 1781 als Musiker und Konzertunternehmer in London

Salomon, Anna Jacobina (1750–1779): als Altistin 1765–1774 Mitglied der Bonner Hofkapelle

Salomon, Anna Maria (?–?): als Sopranistin bis 1765–1774 Mitglied der Bonner Hofkapelle

Simrock, Nikolaus (1751-1832): als Hornist 1775–1794 Mitglied der Bonner Hofkapelle, Musikalienhändler und ab 1800 Verleger auch für Beethoven

Willmann, Johann Ignaz (1739-1815): als Flötist, Geiger und Cellist 1767-1774 Mitglied der Bonner Hofkapelle, dann u. a. in Wien, ab 1788 wieder in Bonn, Vater von

Willmann, Maximilian (1767-1813): als Cellist 1790–1793 Mitglied der Bonner Hofkapelle, ab 1798 in Wien auch Komponist

Willmann, Walburga (1769–1835): Pianistin

Willmann, Magdalena (1771-1801): als Sopranistin 1790–1794 Mitglied der Bonner Hofkapelle, ab 1795 am Wiener Hoftheater

Willmann, Karl (1773–1811): als Geiger Mitglied der Bonner Hofkapelle, ab 1800 in Wien

II. Musikliebhaber und Musikfreunde

d´Antoine, Ferdinand (1746-1793)

Hatzfeld, Anna Maria Hortense Gräfin von (1760–1813)

Mastiaux, Johannes Godefridus von (1726–1790): Vater u. a. von

Mastiaux, Max von (1764-?)

Mastiaux, Anton von (1766–1815)

Mastiaux, Kaspar Anton von (1766–1828)

Mastiaux, Joseph von (1768–?)

Mastiaux, Amalia von (1770-1851)

Wolff-Metternich, Antonette Freiin von der Asseburg (1744–1827)

III. Bonner Freunde Beethovens

Breuning, Helene von (1750–1838): verheiratet mit Emmanuel Joseph von Breuning (1740–1777), Mutter von

- **Breuning, Christoph von (1771–1841)**
- **Breuning, Eleonore von, verh. Wegeler (1772–1841)**
- **Breuning, Stephan von (1774–1827)**
- **Breuning, Laurens von (1777–1798)**

Crevelt, Johann Heinrich (1751–1818)

Degenhardt, Johann Martin (1768–1800)

Eichhoff, Johann Joseph (1762–1827)

Eilender, Peter Joseph (1767–1831)

Fischenich, Bartholomäus (1768–1831)

Honrath, Maria Johanna Sibilla (Jeanette) von (1770–1823)

Koch, Anna Maria, genannt „Wittib Koch" (1749–1817): Wirtin des Zehrgarten, Mutter von

- **Koch, Babette, verh. von Belderbusch (1771–1807)**
- **Koch, Marianne (1775–1820)**
- **Koch, Matthias (?–1805)**

Malchus, Karl August Freiherr von (1770–1840)

Richter, Johann Jacob (?–?)

Struve, Heinrich (1772–1851)

Waldstein, Graf Ferdinand Ernst (1762–1823)

Wegeler, Franz Gerhard (1765–1848)

Westerholt-Gysenberg, Maria Anna Wilhelmine von und zu (um 1774–1852)

IV Zeitgenossen Beethovens

Belderbusch, Caspar Anton Reichsgraf von (1722–1784)
Bürger, Gottfried August (1747–1794)
Fischer, Gottfried (1780–1864)
Gelinek, Joseph (1758–1825)
Haydn, Joseph (1732–1809)
Junker, Carl Ludwig (1748–1797)
Körner, Christian Gottfried (1756–1831)
Lenné, Peter Joseph d. J. (1789–1866)
Mähler, Willibrord Joseph (1778–1860)

Schaden, Nanette (Maria Anna) von, geb. von Stadler bzw. von Pranck (1763–1834)
Schiller, Friedrich (1759–1805)
Schneider, Eulogius (Johann Georg) (1756–1794)
Schubart, Christian Friedrich Daniel (1739–1791)
Stamitz, Carl (1745–1801)
Sterkel, Johann Franz Xaver (1750–1817)
Streicher, Nannette (Anna Maria) geb. Stein (1769–1833)
Wurzer, Ferdinand (1765–1844)

V. Sonstige

Brahms, Johannes (1833–1897)
Thayer, Alexander Wheelock (1817–1897)

The Beethoven family in Bonn

When Ludwig van Beethoven was baptised on 17 December 1770 in Bonn, his family had already been well known and respected for decades in this residential city on the banks of the river Rhine. As early as 1733, Elector Clemens August had wooed away then 21-year-old singer Ludwig van Beethoven the Elder, Beethoven's grandfather, from Liège in Belgium to Bonn with an above average salary offer.
The Cologne Electors resided in Bonn since 1597. Clemens August, a member of the Wittelsbach dynasty of Bavaria, reigned from 1723–1761. Taking the French Sun King Louis XIV as his role model, he spent great sums on prestigious buildings like the Electoral Castle, the Old Town Hall and the Poppelsdorf Castle in Bonn as well as the palaces of Augustusburg and Falkenlust in Brühl beetween Bonn and Cologne. For his lavish parties, he had a Court orchestra with extraordinary musicians, which also served as status symbol.
Born in Mechelen (Malines) in the region of Flanders, Ludwig van Beethoven the Elder rented a house on Rheingasse in Bonn. With him came his elder brother Cornelius van Beethoven, a successful supplier of candles for the Electoral Court. A few years later, in 1739, the parents of the two brothers, Michael van Beethoven and his wife Marie Luise, nee Stuykers, moved to Bonn as well, using this as the opportunity to flee from their creditors due to a bankruptcy of their sideline trading business. They both died in Bonn ten years after their arrival.
On 9 September 1733, Ludwig van Beethoven the Elder married Maria Josepha Ball, a 19-year-old woman who had grown up in Bonn. The couple had two children, both of whom died at a very early age. But around 1740, they were fortunate to announce the birth of their son Johann.
In the following years, Ludwig van Beethoven the Elder became a famous bass singer and in 1761 was even appointed *Hofkapellmeister*, the bandmaster of the Court orchestra, by the new Elector Maximilian Friedrich.

Besides that, Beethoven's grandfather also ran a wine shop. But as the house of the family had to serve as a stock for the wine as well, his wife, Maria Josepha, became alcohol dependent and was confined to a convent in Cologne. Alcoholism would later also be the downfall of her son Johann. In the meantime Johann van Beethoven, like his father, had become a singer and thus a member of the Court orchestra. He married Maria Magdalena Keverich in 1767, a 21-year-old widow from Koblenz. The young couple moved into the rear building of house No. 363 on Bonngasse (today house No. 20). The kitchen and a utility room were located on the ground floor; on the second floor were two smaller rooms and a larger room, while the top floor housed several smaller chambers. Bonngasse No. 363 was owned by Electoral Quartermaster Johann Georg Mangin, who lived in the front house, as did the Salomons, a family of musicians. After his wife had been taken to Cologne, Johann's father, Ludwig van Beethoven the Elder, moved into house No. 386 on the other side of Bonngasse.

Maria Magdalena gave birth to seven children altogether. The first, Ludwig Maria, was born on 2 April 1769 and died only six days later. In December 1770, the second child, again a boy, was born, and again, the parents named him Ludwig. The exact date of his birth is unknown, but since it was usual practice in these times to baptise newborns right after birth, Ludwig van Beethoven was most likely born on 16 or 17 December 1770. According to the register of St. Remigius church, he was baptized on 17 December 1770, with his grandfather Ludwig van Beethoven the Elder being his godfather and the neighbour Anna Gertrud Baum his godmother.

At first, the small family had to live in rather modest circumstances. But with the death of Ludwig van Beethoven the Elder on Christmas Day 1773, the financial situation of the family improved significantly due to his inheritance. Young Ludwig van Beethoven would admire his namesake grandfather throughout his life. In 1774 the family moved into a house on Dreiecksplatz (No. 6). In the same year, a third child, Kaspar Anton Karl, was born.

In 1776 just like Ludwig the Elder had done in earlier days, the Beethovens moved to Rheingasse, house No. 934 (today No. 24). It is likely that another son, Nicolaus Johann, was born there. After

him, Maria Magdalena and Johann van Beethoven had three more children, but they all died in early childhood.
Besides a short break in 1776/1777, when the family moved to Neugasse (today Rathausgasse), and another in 1784, when the family found refuge on Stockenstrasse from the historic flooding, the Beethovens lived on Rheingasse No. 934 until 1785.
From 1785 to 1792 Ludwig van Beethoven and his parents and brothers lived on the first floor of house No. 476 (today No. 25) on Wenzelgasse, a parallel street to Bonngasse.
During the 60 years the Beethoven family lived in Bonn, the town had been ruled and shaped by three Electors who had been simultaneously Archbishops of Cologne and Prince-Bishops of Münster. At age 23, Clemens August of Bavaria became successor to his uncle Joseph Clemens and resided as Archbishop-Elector of Cologne in Bonn until his death in 1761. His successor, Maximilian Friedrich von Königsegg-Rothenfels, was already 53 years old at his inauguration. In 1784 Max Franz of Austria in turn became his successor and resided in Bonn until 1794, when he had to flee French soldiers. He was the youngest of 15 children born to Habsburg ruler Franz I of Austria and his wife Maria Theresa.
With their different styles of governing, these three electors reflected the historical development in the course of this time: from the absolutist world of Clemens August to the enlightened views of Maximilian Friedrich and Max Franz. But what they all had in common were their strong interests in music, a fact which decisively determined the fortune of the Beethoven family. While Clemens August had brought Beethoven's grandfather to Bonn, Maximilian Friedrich appointed him *Hofkapellmeister* and employed Johann van Beethoven as Court musician. And finally, Max Franz became the employer of Ludwig van Beethoven himself.

Bonn, the city of music

In the time of the Beethoven family, many other musicians were living in Bonn. It was not unusual for three generations of one family – Ludwig van Beethoven the Elder, his son Johann and his grandson

Ludwig – to belong to the Court orchestra.

One of the most influential dynasties of musicians in Bonn was the Ries family. Johann Ries, the patriarch of the family, became a trumpeter in the Court orchestra in 1747 and then a violinist in 1754. Two of his four children also became members of the Court orchestra: Anna Maria, his oldest daughter, was a highly praised singer and his son Franz Anton was regarded as a wunderkind. He was appointed official violinist to the Court orchestra in 1774 and remained a member until its liquidation in 1794 (eventually working as concertmaster and music director in the orchestra's final years).

Franz Anton Ries temporarily gave violin lessons to Ludwig van Beethoven and in 1845, at the age of 90, he was able to witness the unveiling of the Beethoven monument on Münsterplatz. Beethoven had admired him throughout his life. Three of the eleven children of Franz Anton became musicians like their father. Ferdinand, born in 1784, remains the best known. He later became a student of and an assistant to Beethoven in Vienna before being celebrated in his own right as a pianist and composer throughout Europe.

The Salomon family also left its mark on the music scene in Bonn. Philipp A. Salomon, who became an oboist and violinist in the Court orchestra in 1765 under the direction of *Hofkapellmeister* Ludwig van Beethoven the Elder, had three extraordinarily talented children. One of them, Johann Peter, was appointed violinist of the Court orchestra in 1758 at the age of 13. Twenty-five years before the composer Ludwig van Beethoven, he was born in the same house on Bonngasse. Johann Peter's sister, Anna Jacobina Salomon, was a contralto at the Court and a student of Johann van Beethoven. Together with her sister Anna Maria, a soprano at the Court, they sang in concerts that were organised by Johann van Beethoven in the Old Town Hall in Bonn.

Johann Peter Salomon left Bonn in 1764, six years before Ludwig van Beethoven was born, to become concertmaster at the Royal-Prussian Court of Rheinsberg. Even after moving to London in 1781, he still kept close contact with his hometown and managed to organise Joseph Haydn's visit to Bonn, which had an impact on Beethoven's future.

Just like the Salomon family, Nikolaus Simrock had also lived on

Bonngasse. He was not only a hornist in the Court orchestra, but was also responsible for the procurement of musical notes. He combined his interests and founded a music shop, which became a publishing house for music in 1790. When Beethoven became established in Vienna later on, his former orchestral colleague became one of his main publishers and an important business partner.

There was another family of musicians in Bonn who had a special relationship with Beethoven. In 1778, the Willmanns moved into a house on Giergasse No. 950, which was the rear house of where the Beethovens lived on Rheingasse. The father, Ignaz Willmann, was a flautist, violinist and cellist in the Court orchestra from 1767 to 1774. The family had four children that were about the age of young Ludwig: Maximilian, Walburga, Magdalena and Karl. They all had a lot of musical talent and, with their father, did a concert tour abroad in the 1780s which eventually led them to Vienna, where they met Mozart. After their return home in 1788, they all became members of the Court orchestra in Bonn and just like Beethoven, they all lived and worked in Vienna after 1794. Beethoven was particularly fond of the soprano singer Magdalena Willmann for whom he wrote some compositions especially.

In 1790 the cousins Andreas and Bernhard Romberg became musicians of the orchestra in Bonn. They were members of a family of musicians playing in the Court orchestra of the Elector of Cologne in the Prince-Bishopric of Münster. Celebrated as wunderkinder, the cousins had already participated in concert tours across Europe before they came to Bonn, where they became peers and close friends of Beethoven.

With Joseph and Anton Reicha, the Bonn music scene had two more men of significant influence. In 1785 cellist Joseph Reicha, who was born in Bohemia, came to Bonn as concert director. Before that, he had been *Kapellmeister* of the renowned Electoral Court orchestra of Oettingen-Wallerstein in Swabia for ten years. Reicha cared for and educated his nephew Anton, the son of his deceased brother. He became an excellent flutist, violinist and composer and made friends quickly with his peer Ludwig van Beethoven while in the Court orchestra.

For his musical and personal development, it surely was of great benefit that Beethoven was able to meet such fantastic young talent in Bonn and just like him, Ferdinand Ries, Anton Reicha, the Romberg cousins, Johann Peter Salomon, and Nikolaus Simrock made a name for themselves throughout Europe.

Beyond that, Beethoven profited from the lively music scene in his hometown, with its various activities of music enthusiasts and talented amateurs. This extraordinary private cultural commitment brought together music lovers from different social backgrounds – from the highest aristocracy to the bourgeoisie – connected by their passion for music.

One special focal point within this universe was the house of Court Counsellor Johannes Gottfried von Mastiaux, who owned the scores of 80 symphonies, 40 trios, and 30 quartets as well as the scores of more than 50 piano concertos by various composers. He was also the owner of seven pianos and numerous string instruments. He loved making music in his home with his five talented children, turning the place into a concert hall and salon.

Amateur musician Captain Ferdinand d'Antoine was another outstanding character in the Bonn music scene during Beethoven's time. He was quite famous, and his sister Josepha Antonetta was married to *Hofkapellmeister* Andrea Luchesi, the successor to Beethoven's grandfather.

Another very talented amateur in Bonn was the Countess of Hatzfeld, Anna Maria Hortense, who was the grandniece of Elector Maximilian Friedrich. Educated in Vienna, she was regarded as a talented singer and extraordinary pianist and was held in high esteem by Mozart. Beethoven, who also had contact with her in Vienna later on, dedicated to her his *24 Variations on Vincenzo Righini's arietta "Venni Amore" for piano* in D major, WoO 65, published in 1791.

In addition to the houses of Mastiaux and Hatzfeld, the Metternicher Hof was another musical meeting point in Bonn. It was the home of Count Johann Ignaz von Wolff-Metternich, President of the Court. His wife took singing and piano lessons and Beethoven dedicated his first composition to her, the *Nine Variations on a March by Dressler*, WoO 63. Their daughters Terese and Felise were also music enthusiasts, and Felise was celebrated as a talented pianist.

Besides the families of musicians already living in the city, there were also quite a lot of international top musicians that were hired to work in Bonn. Andrea Luchesi from Italy was one of them. Fifteen-year-old Mozart and his father had travelled to Venice just to see him in earlier days. He was the *Hofkapellmeister* of Ludwig van Beethoven during his time at Court.

Even more important for Beethoven and Bonn was Christian Gottlob Neefe. By the time he was hired in Bonn as music director for the theatre in 1779, he was already a famous composer and had established himself in the German music world with a number of German singspiels that were very popular in German theatres and the setting of poems to music, by Klopstock for instance. Elector Maximilian Friedrich wanted him to be the successor of Gilles van den Eeden as Court organist. Besides being a successful musician at the piano and on the violin, Neefe had acquired considerable experience in rehearsing and conducting operas. As a student of Adam Hiller in Leipzig, he brought the musical tradition of Bach to Bonn.

Neefe was also a music journalist as well as a well-known author of articles on music theory. He translated many *opera libretti* from Italian or French into German, like the *libretto* of Mozart's *Don Giovanni* in 1788, only one year after its premiere, and worked on many piano scores of popular operas. His contemporaries regarded him as one of the best composers of his time.

As a publicist, he was a vehement advocate of the Enlightenment. Being his teacher and supporter, he played a sustained role in Beethoven's life. Not only did Neefe personify the high standards of quality in his hometown music scene, but he also represented the atmosphere that surrounded Beethoven growing up – an atmosphere in which music was not restricted to an ivory tower, but became part of social development towards greater freedom.

Childhood and early adolescence

From the memories of Gottfried Fischer, the son of the landlord of Beethovens in Rheingasse, we learn that the Beethoven children loved to play in the palace garden and on the banks of the Rhine.

Little Ludwig liked to be carried around piggyback style and was fascinated by little details that he discovered in his environment, like the noisy holders of window shutters. Some years later, he was caught stealing eggs by the lady next door and he loved to tease the landlord's kids, explaining to them that their father – the master baker by the name of Fischer – was not a baker at all but a fisherman and thus not baking bread at night, but catching fish from the Rhine. Once the teenager Ludwig van Beethoven slaughtered a rooster unnoticed by his parents. The children were joking that the animal was screaming "with an alto voice", and Ludwig said that because he was tired of this "singing" he had roasted the rooster. Besides that, he loved to shoot with bow and arrows onto wooden boards.

Ludwig van Beethoven began his primary school education at the Münsterschule at the age of six or seven. But his education there did only last for four or five years, because he soon began to focus on music, which was quite normal in a family of musicians. He had already had his first piano lessons with his father at the age of four. Back then he had been so small that he needed to stand on a stool to reach the piano keys.

Johann van Beethoven was a noted music teacher and his lessons were much appreciated by the noble families. Since he knew from his own personal experience how demanding the life of a professional musician at Court could be, he wanted to equip his son with the necessary musical skills and techniques that even the most talented musicians needed. For this reason, he placed much importance on discipline and fidelity to the score. When he once caught his son playing without notes, he asked him to stop immediately as he claimed that this would not be beneficial to the young child's learning. Johann van Beethoven also organised his son's first concert: on 26 March 1778, seven-year-old Ludwig van Beethoven had his first public appearance together with 18-year-old alto and Court musician Johanna Helena Averdonk, another of his father's students. From that day on, playing the piano for an audience became a routine event for young Ludwig.

When Ludwig was ten years old, his father took him on a little journey to visit music friends in the region. Gottfried Fischer mentions that Johann van Beethoven was firmly convinced that his son was extraordinarily talented. At the age of eight, young Beethoven gained new teachers because his father had realised that he had already taught him everything he could. This aspect is often overlooked and in hindsight must be regarded as one of the great merits of Johann van Beethoven.

Among Ludwig's new teachers were the elderly Court organist Gilles van den Eeden and the young Court musician Tobias Friedrich Pfeifer, as well as Franz Georg Rovantini, a cousin on Beethoven's mother's side. The latter had lived with the family since 1778 and became like an older brother for Ludwig, who was 13 years younger. He had been Court musician in Bonn since 1771 and had already been to Dresden for further education after the early death of his parents. He accompanied Johann van Beethoven and his son on their mentioned journey before he died in the same year at the age of 24.

Gilles van den Eeden had already come to Bonn in 1716, years before Ludwig van Beethoven the Elder. He was first hired as a singer and became Court organist in 1723. In these years, he was celebrated as the best piano player in town. But since he was more than 60 years older than young Beethoven, it soon became clear that he was not the best choice for a teacher. The oboist and harpsichordist Tobias Friedrich Pfeifer, born around 1750, was much younger. He also lived with the Beethovens on Rheingasse during his short stay in Bonn. Besides being a very talented musician, he became a drinking mate of Beethoven's father and was Ludwigs teacher in 1779/1780.

Besides all this, young Ludwig van Beethoven began playing the organ at church services from a very early age. He instructed by Father Willibaldus in the Franciscan Church and by Father Hanzmann on the larger organ of the Minorite church (today St. Remigius). He often played in the early mass at six o'clock in the morning. The console of this organ is now part of an exhibition in the Beethoven House in Bonn.

Becoming a professional musician

The musical education of Beethoven was not based on a certain schedule or fixed curriculum as is common today. He grew up in a family of musicians whose everyday life was determined by music. For Beethoven, growing up in Bonn meant being exposed to all kinds of different musical influences – from church music to various operas and German singspiels, from entertainment music at Court to chamber music and popular songs.

Ludwig van Beethoven was to a great extent an autodidact, even though he had learned the essential musical skills and techniques in the traditional sense. He was not only exposed to music from his earliest days on, but also began to make music himself as soon as he could stand upright. Having the opportunity to make music with the top musicians of his time and to learn from them were his most important lessons.

Taking this into account Beethoven, who was eleven years old, was already considered to be skilled enough that his teacher Neefe appointed him deputy when Gilles van den Eeden died in June 1782 and as the new Court organist he had to accompany the Elector during his retreat in Münster in the summer months. Having this opportunity to prove his competence was crucial for Beethoven's official appointment to Deputy Court organist by the new Elector Max Friedrich in 1784. Becoming a musician at Court meant that Beethoven was now a professional musician at the tender age of 13.

The year 1784 was marked by great changes not only for Beethoven but for the whole town of Bonn. It began with the "millennium flood" at the end of February: the Rhine River, which had been frozen for weeks, began to thaw. Remaining ice sheets built up a dam, causing the water of the river to run into the city and flood it on an unprecedented scale. The pews in the Bonn Minster were swimming around and there is still a mark indicating the flood level on a wall in the covered walk of the church. The Beethoven family had to flee the floods and found refuge with a fellow musician on Stockenstrasse. After the devastating fire in the palace on 15 January 1777, which Beethoven had witnessed at the age of six, the great flood was the second existential disaster for the capital of the Electorate of Cologne within the 22 years Ludwig van Beethoven had lived there.

Besides the natural catastrophe, the political crisis of that year also had dramatic consequences. Above all, the death of the very unpopular Minister Belderbusch on 2 January had a great emotional

impact on the population. The relief felt following his death was so great that people gathered spontaneously with thanks before the house of the doctor who had prescribed a wrong medication for Belderbusch. The death of Belderbusch initially had a negative impact on the Beethoven family because the Minister had always held a protective hand over Johann van Beethoven. But what once was a benefit now turned into a disadvantage: He no longer was the protégé of a powerful politician, but the minion of this deceased object of hate. Adding to his problems, Johann was also involved in a case of fraud.
Elector Maximilian Friedrich passed away only a couple of months after his Minister on 15 April 1784. For young Beethoven, the arrival of the new Elector Max Franz of Austria was a blessing. The youngest son of Empress Maria Theresa of Austria had received a solid musical education himself. He was acquainted with Mozart, owned a comprehensive collection of scores and loved playing the viola – also together with Beethoven – preferably in chamber music ensembles. He soon realised that with Ludwig van Beethoven he had a truly exceptional talent among his Court musicians.

The early composition years in Bonn 1781–1786

According to the sources known so far, Ludwig van Beethoven presented his first own composition in 1781. It was the *Mourning Cantata for (George) Cressener*, an English envoy at the Electoral Court who had died the same year. Even though the composition has been lost, it was mentioned in the memoirs of Bernhard Joseph Mäurer, cellist at Court at that time, who also reports that the Court orchestra had played that early work.
The first composition of Beethoven that was printed and therefore is still known was *Nine Variations on a March by Dressler*, WoO 63. It was published in 1782 by Johann Michael Götz in Mannheim. He was the main publisher of the young musicians of the notable Mannheim school. It is supposed that it was because of Neefe's intercession that Götz also published a composition of Ludwig van Beethoven from Bonn. This printed score was the first step towards a trans-regional

perception of the young Beethoven, who at that time had not yet been to places outside of the Bonn region.
Beethoven dedicated this composition to Countess Marie Antoinette von Wolff-Metternich, who had singing lessons with his father. The theme of the variations was taken from music theorist, singer, violinist and composer Ernst Christoph Dressler, who had lived and worked in cities such as Bayreuth, Gotha, Wetzlar and Vienna as well as in Kassel since 1774. It is not yet known how Beethoven got hold of this theme. The variations - it can be assumed that Neefe helped his pupil with the composition - place higher technical demands on the instrumentalists than most of the other piano music composed during that time, thus revealing his already outstanding piano playing skills.
The second work of Ludwig van Beethoven that was printed in April 1783 was published in the musical weekly *Blumenlese für Klavierliebhaber* issued by Heinrich Philipp Bossler in Speyer. It is a song with piano accompaniment, *Schilderung eines Mädchens*, WoO 107. Right after this song, Bossler printed the *Rondo for Piano*, WoO 48, in his magazine.
In October 1783 Bossler published yet another of Beethoven's works, *Three Piano Sonatas*, WoO 47, that were dedicated explicitly to Elector Maximilian Friedrich. This is the reason why they are still referred to as the "Elector sonatas". It is particularly noteworthy that Beethoven does not repeat any of the musical ideas in any of the nine sonata movements. The unusually slow introduction of the first movement of a piano sonata is another innovation and characteristic of this work. It later became famous with the *Piano Sonata No. 8* ("Pathétique"), op. 13. Whenever Beethoven's "32 piano sonatas" are mentioned, this number refers only to the sonatas having an actual opus number. Actually, the three Bonn Electoral Sonatas should also be counted, so that 35 Beethoven piano sonatas are preserved. Not only were the Elector sonatas published in 1783, but Beethoven also composed the only preserved work for organ solo, the two-voice *Fugue for Organ*, WoO 31. In 1784, Bossler printed further compositions "del Sigre Bethofen" that had been composed at that time: the *Rondo for Piano*, WoO 49, and the song for voice and piano *An einen Säugling,* WoO 108.

The fact that young Beethoven was not only a talented piano player but a remarkable composer as well soon made the rounds in these years. This was also recorded by master baker Fischer in his writings. Between December 1783 and December 1784, Beethoven also wrote the *Piano Concerto in E flat major*, WoO 4. Of this work only 32 sheets have been preserved, including the complete solo part and parts of the orchestral score. Taking this one into account, Beethoven wrote not only five piano concertos but six all in all. Moreover, it is quite possible that the millennium flood of February 1784 destroyed more of his early manuscripts. Three Quartets for Piano, Violin, Viola and *Cello* WoO 36 date from 1785. It is striking that it was not piano trios, but piano quartets, i.e. with a viola as an additional string instrument, because this line-up was still completely unusual at that time. Mozart's first piano concertos were published only in 1785 and 1786.

The instrumentation of the *Trio for Piano, Flute and Bassoon*, WoO 37, is unusual as well. Composed in 1786, Beethoven dedicated this work to the family of Count Friedrich Ludolf Anton von Westerholt-Gysenberg. For the same instrumentation but this time with an orchestra added, Beethoven composed a *Romance cantabile*, WoO 207, in the same year. This work exists only as a fragmentary sketch.

These early compositions of Beethoven in Bonn have a strong focus on piano. He composed eight works for piano: three sonatas and one concerto as well as five chamber music compositions that include a piano. Only the lost Mourning Cantata for Cressener, the Piano Concerto of 1784 and the Romance of 1786 were written for orchestra as well.

The first visit to Vienna and the death of the mother in 1787

Until 1784 Beethoven had left Bonn only a few times for a few days, always accompanied either by his father or his mother. Three of such travels are known: A trip to Cologne with his father to his first public performance in 1778, in 1781- again with his father - a trip to some fellow musicians in the region, and in 1783, a trip to Rotterdam and Den Haag with his mother.

In 1787, shortly after his 16th birthday, Beethoven made his first journey all by himself. With the support of Elector Max Franz, Beethoven left Bonn at the end of 1786 by stagecoach and travelled to Vienna, passing Frankfurt/Main, Wurzburg, Nuremberg, Regensburg, Passau and Linz. He probably arrived in Vienna around 14 January 1787.
There are no first-hand reports indicating that he actually met Mozart there, but it is quite possible since Mozart was in town for about six weeks around this time. Upon receiving news of his mother's illness, Beethoven set off home again in April. At Easter, he made an intermediate stop in Regensburg and spent some time in Augsburg. There he met the von Schaden family. Joseph von Schaden was a Court counsellor in Augsburg and also worked as a music writer. His wife Maria Anna, called Nanette, was recognised as an excellent pianist. She was acquainted with Joseph Reicha, the *Kapellmeister* of the orchestra at the Court of Oettingen-Wallerstein near Augsburg. Reicha had come to Bonn in 1785. Maybe it was he who had told Beethoven to stop over in Augsburg in order to visit this famous pianist.
And there is yet another connection: In Augsburg, Nanette von Schaden and Anna-Maria Stein, also called Nannette [but with two N's], were close friends. The Steins were a renowned family of piano and organ builders and even had close contact with the Mozart family. Even Beethoven was familiar with their instruments from Bonn. After her wedding to Johann Andreas Streicher, a musician and friend of Schiller's, Nannette Stein moved to Vienna and continued the family-owned business under the new name "Nannette Streicher, nee Stein". She and Beethoven were friends. With weekly concerts in their own concert hall, the Streichers were at the centre of music culture in Vienna. Summarising all this, it seems that Beethoven's contacts in Augsburg during his first journey to Vienna were as important as his experiences in the Austrian capital.
It was only between May and early July 1787 that Ludwig van Beethoven returned to Bonn and arrived in time to find his mother, who was severely suffering from consumption, still alive. She died in July 1787 at the age of 40. Beethoven's letter of 15 September 1787 to Counsellor von Schaden in Augsburg, who had lent him money for his journey back home, is the oldest letter that has been

preserved. In it he writes about his deceased mother: "She was such a kind, loving mother to me, and my best friend."
With the death of his mother, everything changed for young Beethoven, because he became the virtual head of the family. The financial situation of the family had worsened during the past years as a consequence of his father's growing alcoholism. The number of pupils who took lessons from Johann van Beethoven was decreasing and with it the opportunity to improve the family's income. As early as 1785, the Beethovens had moved from the more spacious apartment with a representative street view in Rheingasse to a small apartment in a back house in Wenzelgasse. The death of his daughter Maria Margarete Josepha in November 1787 at the early age of one-and-a-half seemed to be the final blow to Johann van Beethoven. A complete breakdown ensued. Thus, 16-year-old Ludwig had to take responsibility for his two younger brothers. Nikolaus Johann, 10 years old at that time, became an apprentice in the Court pharmacy in Bonn and Kaspar Karl, aged 13, trained to become a musician.
By November 1789, Johann van Beethoven's alcohol problem had made him unfit for service, but nevertheless, he remained on the payroll with the Court orchestra until his death. The guardianship for his two younger brothers was given to Ludwig and the Elector issued a decree granting Ludwig half of his father's salary to look after his brothers.

Friends and companions in Bonn

Fortunately, Ludwig van Beethoven was not left alone in these difficult times and it became clear that the Beethoven family was well-integrated in Bonn and that this network of relationships was reliable. There was the circle of fellow musicians on the one hand that had been promoted by his grandfather as *Hofkapellmeister*. They all had already realised the outstanding talent of this young musician. Franz Anton Ries, for instance, was not only Beethoven's violin teacher, but also became a fatherly friend.
On the other hand, Ludwig van Beethoven had his personal friends in Bonn that had been with him his whole life, like Franz Gerhard

Wegeler. The physician was five years older than him and they had known each other since childhood. Just like Beethoven, Wegeler had been to Vienna for studies as well, but returned to Bonn in 1789, where he became a tenured professor of legal medicine and obstetrics.

It was probably in 1785 that Wegeler introduced Beethoven as piano teacher to the von Breuning family. Emanuel Joseph von Breuning had died in the great fire of the palace in 1777, leaving behind his 26-year-old wife Helene and four children: Eleonore (*1771), Christoph (*1773), Stephan (*1774) and Lorenz (*1776). Being almost the same age, the von Breuning children were like siblings to Beethoven while Helene von Breuning had become like a second mother to him. She knew how to handle Beethoven, who could be quite impetuous sometimes, and commented on his occasional choleric attacks always with a shrug of her shoulders, as Gottfried Fischer reports. A brother and a brother-in-law of Helene von Breuning were canons and became the von Breuning children's private teachers. Beethoven also benefitted from this private tuition, which was a compensation for his short time in school. Both teachers were very devoted to the objectives of the Enlightenment.

The house of the von Breunings on Münsterplatz (Galeria Kaufhof today) was also a social and artistic meeting-place and Beethoven spent many hours at the piano in the music room on the ground floor. Besides helping to broaden his intellectual horizon, the von Breuning family also enlarged his geographical radius. Helene and her children periodically made visits to their relatives in Kerpen and Ahrweiler and Beethoven may well have joined them.

The von Breuning children and Beethoven remained friends for the rest of their lives. This is especially true of Stephan von Breuning, who followed Beethoven to Vienna some years later. Beethoven also had a very close relationship with Eleonore von Breuning. This might well have been of a more romantic nature in the earlier years, but later, it developed into a deep personal friendship. Even though they never met again after Beethoven left Bonn for Vienna, their letters show how close they were to each other. And Beethoven never seemed to have been affected that his friend Franz Gerhard Wegeler had married their mutual friend Eleonore von Breuning in 1802.

During his time in Bonn, it is said that Beethoven also had romantic feelings for two other young ladies. According to Gerhard Wegeler, Beethoven and Stephan von Breuning fell in love with a young lady from Cologne called Jeanette d'Honrath, who often spent some weeks with the von Breuning family in Bonn. She is described as a "beautiful, vivacious blond, of good education and amiable disposition" (Wegeler).

As Wegeler reports further, Beethoven later showed a deep "Werther-affection" for a beauty he referred to as "Fräulein v. W." With this attribute, Wegeler hinted at the successful and impactful novel *The Sorrows of Young Werther* from the pen of Johann Wolfgang von Goethe, a story about the hopeless love of the main character for a young woman who has already been promised to another man. "Fräulein v. W." referred to Countess Anna Maria Wilhelmine von und zu Westerholt-Gysenberg. Her father, a high ranking diplomat of the Prince-Bishopric of Münster, was permanently assigned to Bonn. He was a talented bassoonist, one of his sons was played the flute and Beethoven had already become the piano teacher of his 12-year-old daughter Anna Maria Wilhelmine in 1786. Around this time, Beethoven also wrote the above-mentioned *Trio for Piano, Flute, and Bassoon*, WoO 37, which he obviously had composed for the Westerholt family. He spent a lot of his time with the family in their house in Bonn and may also have visited their ancestral home in Herten near Münster in the summer of 1791.

The restaurant "Zehrgarten" at the Marktplatz in Bonn was another of Beethoven's favourite places. It was run by the legendary widow Mrs. Koch, who added to it a bookstore to it. Her house was a centre for intellectual life in Bonn and became a second home for many students and artists at that time. Her daughter, Babette Koch, was admired by many of them and became a special centre of attraction. An avid lover of music, she was a singer and played the piano. Beethoven was fond of her, as Stephan von Breuning reported later.

After he arrived in Vienna Beethoven complained to Leonore von Breuning that Babette was leaving his letters unanswered. In his letter to Franz Gerhard Wegeler dated 29 June 1801, Beethoven was very sarcastic about the liaison between Babette and Count Anton

Maria von Belderbusch, the nephew of the infamous, deceased Minister Belderbusch.

It was a stroke of luck for Beethoven that in 1787 Count Ferdinand Ernst von Waldstein und Wartenberg had come to Bonn from Vienna. After finishing his novice year as a Teutonic Knight in Bonn, Waldstein received, on 17 June 1788, the knighthood of the Order by its Grand Master Elector Max Franz in the presence of the Electors of Mainz and Trier, and even a writer from a Vienna newspaper. Waldstein was a close friend of the von Breuning's and took an active part in the public life of Bonn as a fairly good pianist and composer. He was also a close confidant of the Elector and a staunch advocate of the ideals of the Enlightenment. According to Wegeler, Waldstein was the first and most important of Beethoven's patrons. Even though the circumstances of the dedication of his *Piano Sonata No. 21*, op. 53 to Count Waldstein in Vienna 1805 remain unclear, the common name of this work, "Waldstein Sonata", is a monument to Beethoven's enormous gratitude towards him.

Before Beethoven left town for Vienna, his friends gave him a collection of papers in November 1792, a farewell album of sorts, the so-called "Stammbuch". It consists of 18 sheets with 15 entries and additional drawings. In addition to Count Waldstein, some of the authors of the Stammbuch representing the Court included Karl August Freiherr von Malchus, a private secretary of a count in Bonn, and Heinrich von Struve, whose father was a Russian diplomat in Bonn. Peter Joseph Eilender, a student and son of the verger of the palace chapel, was also among the contributors. Representing theological and academic circles were the clergyman and teacher Johann Jakob Richter, Johann Joseph Eichhoff, founder of the Reading Society and husband of Court singer Eva Grau, as well as law student Johann Martin Degenhart, to whom Beethoven had dedicated the *Duo for two Flutes*, WoO 26, in 1792.

Even though Babette Koch does not appear in this book, there are five entries of further members of the family representing the *Zehrgarten*: the widow Koch and her children Marianne and Matthias, as well as Mrs. Koch's brother Jacob Klemmer and the physician Johann Heinrich Crevelt.

The entries in this book are a mirror of their time and show the intellectual environment of Beethoven and his friends. Eight of them cite quotes of famous contemporary authors related to the Enlightenment. As many as three entries quote from Friedrich Schiller's *Don Karlos*.

The Age of Enlightenment in Bonn

At the time of Beethoven, Bonn, as the residential city of the Electors of Cologne, was both a centre of political and cultural life and a place of great intellectual openness. With that, it bore witness to a European development that had its breakthrough with the death of the Sun King Louis XIV in 1715. In the 1720s, the writings of Voltaire began to gain influence, and by the middle of the 18th century, Immanuel Kant started to publish his works. The ever faster change took hold of the social and thus the cultural life. Rational thought and social reforms began to replace the excesses and oppression of absolutism.
In Beethoven's time in Bonn, many events took place which moved and changed the world: America's independence in 1776, the French Revolution in 1789, the expeditions of James Cook in the 1770s as well as the development of the steam engine, the study of electricity and the triumph of the hot air balloon. The joy of discovery was omnipresent and Bonn's newspapers wrote all about it.
In Beethoven's youth, literary works were published that immediately had a massive influence on the population and remain popular to this day. They address class distinctions and put the focus on personal rights and fundamental freedom. Among them are Lessing's *Minna von Barnhelm* (1767), *Emilia Galotti* (1772) and *Nathan the Wise* (1783), Goethe's *Götz von Berlichingen* (1774) and *Egmont* (1789), Schiller's *The Robbers* (1782) and *Don Karlos* (1787) as well as Mozart's operas *The Abduction from the Seraglio* (1782), *The Marriage of Figaro* (1786) and *Don Giovanni* (1787). In addition to the works of Molière and Voltaire, these plays were shown in Bonn quite early on. Schiller's dramas *The Robbers* and *Intrigue and Love*, for example, were performed on stage in 1783 and 1784 respectively, shortly after their premieres, while his *Fiesco's Conspiracy at Genoa* even

celebrated its premiere in Bonn in 1783. Undoubtedly Beethoven's lifelong fascination with Schiller's works was acquired during his time in Bonn.

The Electors Maximilian Friedrich and Max Franz were not only open-minded towards the values of the Enlightenment, but they supported them practically. Welfare for the poor, a liberal arts policy and education reform are only a few examples of their practical policies in this respect. Max Franz in particular was a very liberal ruler. He refused to live in the palace and was often seen in ordinary clothes on the streets of Bonn. Making music with fellow musicians from different backgrounds, demonstrated that he held no prejudice about class whatsoever.

This climate of reform in Bonn was essential for Beethoven's development of personality and identity. It was also the reason why, in Bonn, aristocrats and citizens shared an almost conflict-free life. This in turn was facilitated by the fact that Bonn, at that time, was quite a small town. The city's borders were about the size of today's city centre with the pedestrian area. People knew each other, they met each other on the streets, they were integrated in a social network. One half of the about 10,000 inhabitants of Bonn during Beethoven's time belonged to families working for the Electoral Court and the Electoral administration. The other half belonged to artisan families.

Ludwig van Beethoven was exposed to this climate of awakening and curiosity in his hometown not only in an abstract way, but in concrete terms as well. It is remarkable how many musicians and music enthusiasts played an important role in promoting and realising the ideas of the Enlightenment in Bonn during the time of the Beethoven family. When in 1781 a Bonn-based lodge of the secret order "Illuminati" was formed, Christian Gottlob Neefe was one of its founders and became head of it in 1784. The Illuminati's aim was to supersede powers and rulers by living and promoting the ideals of the Enlightenment, thus turning the world into one family of reasonable people. The twelve Illuminati in Bonn were all prominent individuals and either sympathisers of or even part of the Electoral Court. Besides Neefe, the musicians Franz Anton Ries, Nikolaus Simrock and two other Court musicians as well as the aforementioned Captain Ferdinand d'Antoine were members of the secret order. Internal conflicts and the prohibition of the Illuminati in Bavaria led to the dissolution of the organisation in Bonn in 1785. Nine of the former Bonn-based Illuminati – among them Ries and Simrock – became founders of the Bonn Reading Society in 1787. Neefe and the Electoral music director Joseph Reicha became members the same year. Other Court musicians and some friends of Beethoven like Count Waldstein, Franz Gerhard Wegeler, and several members of the von Breunings followed.

There were about 420 reading societies in Germany at that time. Since printed materials were expensive, the idea of sharing newspapers and magazines became popular. Common reading stimulated conversation and discussion. The Bonn Reading Society first met in the Eggelmeier house opposite the palace. Among the society's regular visitors was Elector Max Franz. Due to his support, the society was able to move into rooms on the second floor of the Town Hall in 1788. There could not have been any clearer sign demonstrating the Elector's commitment to the ideals of the new era. Even though Beethoven himself had never been a part of this society, probably because he could not afford the relatively high membership fees, this reading society doubtlessly had an effect on him.

Another important institution of the Enlightenment in Bonn had already been initiated by Elector Maximilian Friedrich. As the Jesuit Order had been abolished by Pope Clement XIV in 1773, Maximilian Friedrich used this as a reason for converting the school of the Jesuits into an academy which started teaching in 1777. This was a milestone in the history of education reform, which led to the opening of the first normal school in Bonn. In appointing Neefe, a Calvinist, the Court organist of his Catholic Court the previous year, Maximilian Friedrich had already demonstrated his devotion to the liberal spirit of the Enlightenment.

In 1786 Max Franz elevated this academy to university status, the first University of Bonn. As early as the next year, it already had six professors of theology, jurisprudence and medicine as well as ten for philosophy and other studies. There were about 230 students in total, the majority of whom studied medicine and theology. The attractiveness of the university was largely due to popular professors hired with the support of Elector Max Franz. Among them was the

Franciscan Minorit Eulogius (Johann Georg) Schneider. He was a talented speaker and a professor for literature and arts. As a preacher, he had been suspended from the priesthood in Württemberg because of his enlightened views. He prepared his inaugural lecture (which dealt with topics including the suppression of the German language by Jesuit Latin schools as well as 88 poems and satirical verses of amorous odes to nuns and a hymn on the Storming of the Bastille), for publication and tried to find supporters. He found them all over Germany, among them Elector Max Franz, Court musicians Joseph and Anton Reicha, Christian Gottlob Neefe and Nikolaus Simrock, members of the von Breuning family, Countess Hatzfeld and also Ludwig van Beethoven, who kept his copy of the book of poems until his death. Schneider left Bonn in 1791, became radicalized and joined the Jacobin movement in Strasbourg. Ultimately, he was guillotined in Paris in 1794.

At the piano, at the organ, and in the orchestra

Due to his outstanding talent, Beethoven attracted attention as a piano soloist at a very young age. As early as 1783, Christian Gottlob Neefe was convinced the 12-year-old would become a second Mozart if he continued developing at the same rate.

The same year, Beethoven journeyed with this mother to Rotterdam and gave a concert with the popular violinist and composer Carl Stamitz, who was 25 years his senior. Although already established, Stamitz was paid merely 14 guilders for that performance, while the exceptionally talented boy from Bonn received 63 guilders.

Beethoven's development at the piano made such constant progress in Bonn that music critic, pianist and composer Carl Ludwig Junker called him the "greatest piano player" in November 1791. Junker was convinced that Beethoven's playing style was fundamentally different from the conventional style of that time.

When Beethoven left Bonn for Vienna, he arrived there as an outstanding pianist who caused a sensation within a few months of his arrival. After a duel at the piano with the renowned pianist Abbé Joseph Gelinek in the summer of 1793, Gelinek was deeply impressed by Beethoven, who was 20 years his junior, because he had never heard such piano playing before.

In 1789, Beethoven was appointed violist at the Court orchestra in Bonn. In July 1791, his name appeared on the list of Court musicians three times, more than any other: as organist, violist and pianist. While Beethoven continued his career as pianist in Vienna, his service in an orchestra was limited to his years in Bonn. Within these years, he was fortunate to learn the capabilities and restrictions of each instrument, including the orchestra as an instrument in and of itself. He was also provided with a comprehensive musical repertoire.

His journey to Mergentheim with the orchestra in the autumn of 1791 was surely one of the most exciting events of Beethoven's career as Court musician. As Grand Master of the Teutonic Order, Elector Max Franz had to preside over its sessions in this small town in Franconia for many weeks. Therefore, he decided to take his orchestra with him. All the players travelled by boat down the Rhine and the Main and returned to Bonn at the end of October. The published reviews for the different concerts that were given in Mergentheim were full of praise.

During his five seasons as violist, Beethoven played in about 50 different operas. Bonn had become a centre of the musical trends of that period. It was in Bonn that the latest compositions of Haydn or Mozart were played and *Don Giovanni* was put on stage as early as one year after its premier in Prague, with Beethoven playing the viola. The viola that he used for his service in the Court orchestra is another important exhibit at the Beethoven House in Bonn today. Beethoven the working musician (which he was much more during his time in Bonn than later in Vienna) laid the foundation for Beethoven the composer.

The late composition years in Bonn, 1789–1792

The year 1789 marked for Beethoven the end of a longer creative break, probably caused by his difficult family situation, and the beginning of his second composition phase in Bonn. In 1789 he first composed *Two Preludes*, op. 39, which he reviewed in Vienna

in 1803 for printing. The passage through the keys he used here was and still remains a very popular exercise for pianists and composers, something for which Johann Sebastian Bach had previously set timeless standards with *The Well-Tempered Clavier*.
In the first half of 1790, Beethoven wrote the song for voice and piano called *Klage*, WoO 113. His *Minuet in A-flat for string quartet*, WoO 209, was composed the same year as well as a version for piano. In 1790/91, Beethoven also composed the *Piano Trio in E-flat major*, WoO 38, and a *Violin Sonata in A major*, Unv. 11, which is preserved only in parts (37 bars of a slow movement and 54 bars of a rondo).
From 1790–1792, he wrote *Six Variations on a Swiss song*, WoO 64, based on the traditional Swiss folksong "Es hätt' e Buur es Töchterli", which had been documented for the first time in 1781. The fragment of 111 bars of a piano score is part of a sketched movement of the *Symphony in C minor*, Unv. 1, which was composed between 1786 and 1790. And the *Six Songs*, op. 75, although published in 1810, contain a composition of Beethoven's time in Bonn: The so-called *Flohlied* (No. 3), from the fragment of Goethe's Faust from 1790, had been set to music by Beethoven in the same year of its publication, or very shortly after.
His orchestral work *Musik zu einem Ritterballett*, WoO 1, premiered in the Redoutensaal of the Elector's palace on 6 March 1791, Carnival Sunday, shows a very different side of Beethoven's oeuvre. The occasion for this was a masked ball and Beethoven probably played the viola at that premiere. At that time, he also began composing his *Twelve Contredanses for orchestra*, WoO 14, which he finished in Vienna in 1795/1796. Early sketches show that at least dances No. 8 and No. 12 were written in Bonn. It is also believed that three of the *Twelve German Dances for orchestra*, WoO 13, (No. 9, 10, and 12) were composed in Bonn as well.
The fact that Beethoven's Bonn compositions quickly became well-known beyond the borders of his hometown is shown, for example, by the *Twenty-four variations for piano on Vincenzo Righini's aria "Venni Amore"*, WoO 65. Vincenzo Righini, *Hofkapellmeister* at the Court in Mainz from 1787–1792, came to Bonn to visit the Court orchestra in the summer of 1788. In the same year, the publishing house Schott in Mainz had published his *XII Ariette Italiane*. For the

last of his short arias called *Venni Amore,* Righini had written five variations for one voice, always with the same piano accompaniment. Beethoven used the same theme for his 24 variations.
Beethoven's variations were also published by Schott in Mainz. In July 1791, they were already available in Munich, Vienna, and Frankfurt. This composition was a topic of conversation among some Court musicians, including Beethoven himself, and renowned pianist, composer and Kapellmeister Franz Xaver Sterkel in Aschaffenburg during their travel to Mergentheim. Many of Sterkel's works had already been published and Beethoven must have known his oeuvre. It is likely that he had already played some of Sterkel's compositions already. Conversely, Sterkel apparently knew the Righini variations of young Beethoven. After Sterkel had played for his guests, he asked Beethoven to play the piano for them all as well. Nikolaus Simrock remembered later that Sterkel was especially keen on hearing the youngest variations of that Righini theme being played by Beethoven himself. His way of playing the piano received as much praise from Sterkel as Beethoven's spontaneously improvised additional variations.

Beethoven finished another piano work at that time, the *Piano Sonatina in F major*, WoO 50, and wrote the songs for voice and piano *An Minna*, WoO 115, *An Laura*, WoO 112, as well as the *Punschlied*, WoO 111, and the *Trinklied*, WoO 109, both for voice, unison choir and piano. The Andante in C major, WoO 211, is also a product of that time, as well as the fragmentary works *Piano Trio* in F minor, Unv. 10, a possible *Cantata for voice and piano in B-flat*, Unv. 19, and a Song *An Henrietten*, Unv. 21.
Beethoven probably wrote his two arias for bass and orchestra *Prüfung des Küssens*, WoO 89, and *Mit Mädeln sich vertragen*, WoO 90, for bassist Joseph Lux, who was very successful in funny roles. His selection of texts demonstrates Beethoven's humorous side which often gets overlooked.
In 1791/1792 Beethoven composed the Aria Primo Amore, WoO 92, for soprano and orchestra, presumably for his fellow musician at Court, the soprano Magdalena Willmann. Inspired by the popular opera *Das rote Käppchen* by Karl Ditters von Dittersdorf, he used

an aria's theme for his Thirteen Variations for piano on the aria *Es war einmal ein alter Mann*, WoO 66. Shortly after his departure in 1793, this composition was the first Beethoven composition to be published by Nikolaus Simrock's new publishing company.

It wasn't until 1804 that Beethoven's *Variations in E-flat*, op. 44 were published in Leipzig. They were based on an original theme from another aria of Dittersdorf's opera and had already been written in Bonn in 1792. Another of his works, the *Rondo for piano and violin in G major*, WoO 41, was composed in Bonn between 1790 and 1792, but was published by Simrock later, in 1808.

Beethoven wrote at least three of the *Eight Songs*, op. 52, for voice and piano in Bonn as well. Sometime around 1792, he composed the *Six Minuets for two violins and double bass*, WoO 9, which may also have been used for an orchestral work. Before his departure from Bonn, he created an *Oboe Concerto in F major*, WoO 206 which today remains lost save for a draft of the second movement.

In 1786 in Bonn, Beethoven had started working on another composition which is often wrongly attributed to his time in Vienna, the *Piano Concerto No. 2 in B-flat major*, op. 19. This composition is regarded as his second piano concerto today, but taking into account the history of origin, it is actually the first one of his fully preserved scores of piano concertos. In fact, essential parts of it had already been written in Bonn as early as 1792.

In Bonn, Beethoven also composed the *Octet in E-flat major*, op. 103. It was followed by a *Rondino in E-flat major*, WoO 25, dated 1793, for the same instrumentation - two oboes, two clarinets, two horns and two bassoons. However, Beethoven had probably already started composing it sometime earlier in Bonn. Such works, arranged exclusively for wind instruments, were known at that time as *Harmoniemusik*. His *Wind Quintet in E-flat major*, WoO 208, composed in Bonn, follows this tradition as well. While its first and third movements are preserved only in part, its second movement is fully preserved. It is not known if a fourth movement was ever written.

Between 1790 and 1792, Beethoven worked on the *Violin Concerto in C major*, WoO 5, but it remained a fragment of 259 bars of the first movement. At the same time, he finished his composition *Eight*

Variations on a Theme by Count Waldstein, WoO 67, which was already published by Simrock's publishing house in 1794. It is one of only five works that Beethoven wrote for four hands on the piano. In 1792, he also composed a *Duo for Violin and Cello in E-flat*, Unv. 8, of which only the exposition of the sonata movement is extant. Not later than this year, the *Lamentations of Jeremiah*, Unv. 20, were written. Beethoven composed them for the Holy Week of either 1790, 1791 or 1792. They exist as a fragment only.

In August 1792, Beethoven wrote the *Duo for two flutes*, WoO 26, and dedicated it to his friend Johann Martin Degenhardt as a farewell before his departure to Vienna. Started in Bonn in 1792 and then completed in Vienna one year later was his song *Selbstgespräch for voice and piano*, WoO 114. He also started writing the song *"Der freie Mann" for voice, unison choir and piano*, WoO 117, in Bonn, professing with it the Enlightenment's ideals of freedom.

Between the summer of 1792 and the spring of 1793, Beethoven finally composed a work that he dedicated to Eleonore von Breuning: *Twelve variations for piano and violin on "Se vuol ballare" from Mozart's The Marriage of Figaro*, WoO 40. It was published in Vienna in July 1793. It is not surprising that Beethoven had chosen a theme from this popular opera, because in the period between October 1789 to February 1790, Mozart's opera was performed four times at the Electoral theatre, most probably with Beethoven playing the viola.

The *Cantata on the Death of Emperor Joseph II*, WoO 87, and the *Cantata on the Accession of Emperor Leopold II*, WoO 88, both for voices, mixed choir, and orchestra are two of Beethoven's most important compositions. They were commissioned by the Reading Society to honour the brothers of Elector Max Franz but had never been performed at the time, presumably due to their highly complex nature. Both scores had been lost for a long time before being found in an antiquarian bookshop in Leipzig in 1884. They were then presented to Johannes Brahms for examination. Brahms wrote that if the music sheets had not been dated, he would have guessed that these compositions had been written at a much later date. Yet he also claimed that there would not have been any doubt at all that these scores were written by none other than Beethoven, even if they had

not been signed by him.
The late composition years of Beethoven in Bonn are characterised by an increased diversity of instrumentation and formats. He wrote nine works for piano – two of them are concertos, one of which is for four hands – and two compositions for chamber music pieces for piano as well as three compositions without piano. In his final years in Bonn, he chose the variation format five times, altering themes of arias or songs. In addition, he composed eleven songs with piano and two with orchestral accompaniment.
What is remarkable about this creative period is that Beethoven produced as many as nine compositions for orchestra: one symphony in fragments, two piano concertos, one incomplete concerto, three songs with orchestral accompaniment, and, most notably, both cantatas, which, together with the Second Piano Concerto, could be regarded as the summit of his creative work in Bonn. They all show that in these late years in Bonn, Beethoven the composer had found his way from the piano to a wide range of formats and instrumentation.
It is obvious that Beethoven had taken numerous composition ideas and sketches with him from Bonn to Vienna. That also results from the fact that more than 90 compositions for instruments and ensembles were accounted for within the space of 96 months, until 1802. It is very unlikely that such a plethora of work could have been realised in Vienna, where he was also very busy as a pianist, without the preparatory work in Bonn.

Bonn roots of the *Ode to Joy*

Even one of Beethoven's best-known works has its roots in Bonn: the musical setting of Schiller's poem *Ode to Joy* in the fourth movement of his Symphony No. 9 in D minor, op. 125. On 26 January 1793, a few weeks after Beethoven had left Bonn, his friend Bartholomäus Fischenich wrote to Friedrich Schiller's wife Charlotte referring to Beethoven: "He proposes also to compose Schiller's *Freude*, strophe by strophe. I expect something perfect, for as far as I know him, he is wholly devoted to the great and the sublime." On 11 February 1793,

Charlotte Schiller answered that she was very much looking forward to that composition.
Bartolomäus Fischenich, the son of the verger of the church St. Remigius, was about the same age as Beethoven. To complete his legal studies, he had gone to Jena in 1791/92, becoming friends there with Friedrich Schiller and his wife Charlotte. In Jena, Fischenich also became familiar with author Sophie Schubart and her poem *Feuerfarb*, as Friedrich Schiller was one of her patrons. Fischenich took her poem with him when he returned to Bonn, encouraging Beethoven to set it to music. Most likely he also brought Schiller's poem *An die Freude* to Bonn. By that time, Beethoven was probably already familiar with the poem *Ode to Joy* but did not know who its author was.
As early as 1785, Friedrich Schiller dedicated his poem as a lyrical declaration of friendship to writer and composer Christian Gottfried Körner, who had set it to music right away. The poem and the song with piano accompaniment for voice and choir in C were printed without mentioning the authors in February 1786 in the second issue of the journal Thalia, which had been founded by Schiller.

In August 1787, the poem was then published in the *Freymaurer-Zeitung* of Neuwied close to Bonn and three months later, the newspaper printed a copy of Körner's setting as well, both times without indicating the authors. Instead, the lyrics and the music were falsely attributed to Christian Friedrich Daniel Schubart, a famous pianist at that time who was widely known for his harsh criticism of the aristocracy and clergy.
It stands to reason that Beethoven knew this setting of Schiller's poem. One of the publishers of the *Freymaurer-Zeitung* was a member of the Masonic lodge of Neuwied of which his teacher, Christian Gottlob Neefe, was also a member. Another of the publishers printed and sold Neefe's popular settings of the poems of Friedrich Gottlieb Klopstock. Given these close connections, it is highly likely that Beethoven became acquainted with the setting of the *Ode to Joy* in 1787 through Neefe, but without knowing its true authors.
Schiller's poem was set to music by various composers later on, and as late as 1790, a printed copy of the poem in Hamburg had Schiller's

name on it for the first time. So it was either by this copy or through Fischenich that Beethoven finally discovered who was the author of the *Ode to Joy*. As an admirer of Schiller, Beethoven's intention to set this poem to music was likely given a new impetus after finally finding out the true identity of its author.

It remains unclear, however, at precisely which point he actually implemented his intention. Yet it can be assumed that, according to a letter from Ferdinand Ries of 13 September 1803 to Nikolaus Simrock, there must have been a setting of the *Ode to Joy* by Beethoven himself around 1799. And it is quite possible that he had already started with the composition of the *Ode to Joy* in Bonn when Fischenich wrote his letter to Charlotte Schiller. Unfortunately, this setting of the *Ode to Joy* by Beethoven has been lost.

While it can be proven that Beethoven had already known Schiller's poem and its early settings in Bonn, it still remains unclear whether the melody of the *Ode to Joy* in his Ninth Symphony has its roots in Bonn as well. This question arises due to the fact that Beethoven's setting is lost and the melody remains unknown. But it is also uncertain because Beethoven's melody from the Ninth Symphony had, with some smaller changes, already been the dominant motif in the *Fantasy for piano, vocal soloists, chorus, and orchestra*, op. 80. This so-called *Choral Fantasy* adopted the unchanged melody from Beethoven's song *Gegenliebe for voice and piano* as one part of WoO 118. Its time of origin is considered to be in 1794/95, but this song could also have its roots in Bonn. The lyrics of that song came from Gottfried August Bürger and his poems were already known to Beethoven during his years in Bonn and they also had already been set to music there by his teacher Neefe. It therefore cannot be ruled out that the melody to *Gegenliebe* was part of the material that Beethoven had taken with him to Vienna.

Beethoven's hometown also played an important role in the creation of his Ninth Symphony. It was Ferdinand Ries of Bonn who had acted as a broker for its commission. The former student of Beethoven had been appointed one of the Philharmonic Society's directors in London with the support of the Bonn native Johann Peter Salomon. The Philharmonic Society then commissioned the Ninth Symphony in 1817.

Haydn in Bonn and Beethoven's farewell from Bonn

Johann Peter Salomon also played an important role in Beethoven's second journey to Vienna, which became his farewell from Bonn. When Haydn's employer, Nikolaus I, Prince Esterházy, whom he had served as *Kapellmeister* for more than 25 years, died in 1790, Salomon, the former musician of the Court in Bonn, who had become a music impresario in London, convinced the almost 60 year old composer to embark on a concert tour to London. For the journey from Vienna to London Salomon fixed the route via Bonn, where he still had close contacts and family.

Haydn left Vienna on 15 December 1790, first travelling with Salomon to Munich and then to Bonn, arriving in Bonn on Christmas Day. He attended the high mass in the palace chapel and found the Court musicians playing his music. After the mass, the Elector introduced the musicians of the Court orchestra to him, and Beethoven was probably one of them. Some of them were then invited to dinner by Haydn.

On his way back from London to Vienna, Salomon once again organised a stop in Bonn for Haydn, but this time without joining him. He announced Haydn's visit in a letter to his brother-in-law Cornelius Michael Geiger. Haydn stayed in Bonn during the third week of July 1792.

In the absence of the Elector, the musicians of the Court orchestra invited Haydn for breakfast this time, probably in the new Redoute in Godesberg. This little village, with its 350 inhabitants, was becoming a spa resort at that time because of the mineral spring's extraordinary quality. Franz Gerhard Wegeler later remembered that Beethoven showed Hadyn one of his cantatas. Haydn was greatly impressed by it. At this meeting apparently Beethoven's lessons with Haydn in Vienna were agreed.

An entry by Count Waldstein in Beethoven's farewell Stammbuch showed the high expectations for this journey. Waldstein's wish for Beethoven was that he should receive "Mozart's spirit through Haydn's hands". This entry also shows that Waldstein considered Mozart and Beethoven on a higher level of greatness than Haydn.

The "Genius of Mozart" had only "found a refuge, but no occupation" with Haydn, and this "genius" should now "form a union" with the genius of Beethoven. But above all, Waldstein's words demonstrate that Beethoven's outstanding talent was already considered to be in the same ranks as the greatest composers of that time.
Elector Max Franz continued paying Beethoven's salary after his departure to Vienna as he did during his first journey in 1787, being convinced that he would return to Bonn one day. And Beethoven himself seemed sure of his eventual return to Bonn since he wanted to become *Hofkapellmeister* in his native city just like his beloved grandfather had been.
In his letter to the Elector of 23 November 1793, Haydn complained about the very limited financial support for his student and asked for more, referring to the compositions Beethoven had supposedly submitted in Vienna. Max Franz refused this, stating that Beethoven had already composed these works in Bonn. It also quickly became apparent that Haydn and Beethoven were not getting along well.

Beethoven got his last salary payment from Bonn in March 1794. The increasing political uncertainty in Bonn culminated in the occupation by the French in October of the same year. The Elector was forced to flee and the Court orchestra was dissolved. With that Beethoven had lost his post in Bonn and his professional perspective of becoming *Hofkapellmeister* one day.
During his exile, Max Franz kept a close eye on Beethoven, receiving information about his success in Dresden in the spring of 1796, for instance. In 1798, he composed a draft for an Electoral Court life in Münster, supposing that after re-establishing the electorate he would reside there. He drew up a list indicating all former Court musicians and their status. Concerning Beethoven, who was listed three times, there was also a remark saying that he should stay in Vienna without salary until his convocation.
But Beethoven also was still thinking of his patron. He had intended to dedicate his first symphony, premiered on 2 April 1800, to the Elector in 1801, until the death of Max Franz on 27 July 1801 put an end to this plan.

"Beethoven Bonnensis"

It is quite ironic that Ludwig van Beethoven, who committed himself to the ideals of the Enlightenment and who was fascinated by the French Revolution, had lost his opportunity to return to Bonn one day due to its occupation by French troops. He had left his hometown for Vienna as a recognized piano virtuoso and experienced Court musician in one of Germany's best orchestras, with considerable composing experience and with the intention to learn and gain experience in order to come back home one day and to become *Hofkapellmeister* like his grandfather.

Due to the course of events and not by his own will, Beethoven was now forced to start a new chapter in his life, becoming the first important freelance composer. In this role, he also became a pioneer for copyright and fought against illegal copies.

Beethoven never felt entirely at home in Vienna. Just speaking in the dialect of his hometown turned out to stand in his way in this imperial city. "I understand you because you speak Bönnisch [the dialect of Bonn]", he reportedly exclaimed to Peter Joseph Lenné, son of the Electoral Court gardener of Bonn, when the latter delivered letters to him from his hometown.

There are quite a lot of passages of his letters showing his persistent longing for his home. In his letter of 29 June 1801 to his friend Franz Gerhard von Wegeler, he remembers the beautiful landscape of his home region and states that a possibility to see this all again would be the most fortunate coincidence of his life. In the same letter, he asks Wegeler to send him the portrait of his grandfather. This picture always had a prominent place in all of Beethoven's almost 70 apartments in Vienna.

When it turned out that Beethoven could not return to Bonn, he had his two younger brothers join him in Vienna. Almost at the same time, Franz Gerhard Wegeler and the von Breuning brothers came to town for two years. In 1803 Stephan von Breuning found employment at the war department and remained one of Beethoven's closest friends in Vienna until his death. The composer dedicated his *Violin Concerto in D major*, op. 61 to him, gave him the guardianship of his beloved nephew Karl and appointed him as his executor. While in

Vienna, Beethoven still kept in close contact with the Ries family too. Franz-Anton Ries had taken care of Beethoven's younger brothers after his departure. And his son Ferdinand had become his student and later his assistant in Vienna. They became close friends and remained so even after Ferdinand's return to Bonn as a successful pianist and composer in 1824.

His former fellow musician Nikolaus Simrock was another close link to his hometown. As his publisher, he issued in total 14 first editions of Beethoven's works between 1793 and 1820. Even though both never met in Vienna, their friendship remained and was continued later on by his son Peter Joseph Simrock, born in 1792.

Another special bond to his home region arose from his contact with Willibrord Joseph Mähler. Born in 1778 near Koblenz, the home of Beethoven's mother, the painter worked as an official in the *Geheime Kabinettskanzlei* in Vienna. In the years of 1804, 1815 and 1818/1820 he painted three of the most important portraits of Beethoven.

Beethoven always avowed himself to be a son of Bonn. Signing the Stammbuch for Theodora Johanna Vocke with "Ludwig van Beethoven aus Bonn im Kölnischen" on 22 May 1793 could possibly be explained by the fact that he had left Bonn only a few months before. Yet many years later, he still signed three different letters explicitly with "Beethoven Bonnensis" (from Bonn). And in his letter to Frederick William III, King of Prussia, of September 1826, which he wrote to thank him for his permission to dedicate the Ninth Symphony to him, he named himself a "citizen of Bonn". This was only a few months before his death.

Veröffentlichung des Verlags Beethoven-Haus Bonn zum Beethoven-Jahr 2020

In diesem Buch geht Stephan Eisel dem Leben und der musikalischen Entwicklung des Bonner Beethoven ebenso nach wie seinen Freundschaften und intellektuellen Netzwerken. Diese grundlegende Studie zu Beethovens 22 Bonner Jahren rückt so eine prägende Lebensphase des Komponisten in den Fokus, die in der reichhaltigen Beethoven-Literatur allzu oft und zu Unrecht vernachlässigt wird.

Hardcover, ca. 550 Seiten,
zahlreiche Farbabbildungen,

34,80 €

ISBN 978-88188-163-0